¡Así! 1

MICHAEL CALVERT AND HELENA GONZÁLEZ-FLORIDO

Nelson Thornes

Text © Michael Calvert and Helena González-Florido 2004
Original illustrations © Nelson Thornes Ltd 2004

The rights of Michael Calvert and Helena González-Florido to be identified as authors of this work has been asserted by him/her in accordance with the Copyright, Designs and Patents Act 1988.

All rights reserved. No part of this publication may be reproduced or transmitted in any form or by any means, electronic or mechanical, including photocopy, recording or any information storage and retrieval system, without permission in writing from the publisher or under licence from the Copyright Licensing Agency Limited, of Saffron House, 6-10 Kirby Street, London, EC1N 8TS.

Any person who commits any unauthorised act in relation to this publication may be liable to criminal prosecution and civil claims for damages.

Published in 2004 by:
Nelson Thornes Ltd
Delta Place
27 Bath Road
CHELTENHAM
GL53 7TH
United Kingdom

11 12 / 10 9 8 7 6

A catalogue record for this book is available from the British Library

ISBN 978 0 7487 7811 9

Illustrations by Lisa Smith, Mel Sharp, Nigel Kitching and Yane Christensen c/o Sylvia Poggio Artists' Agency; Mike Bastin; Rupert Besley; Mark Draisey; Linda Jeffrey; Angela Lumley and Richard Morris. Additional illustrations by IFA Design Ltd.

Page make-up by IFA Design Ltd, Plymouth, Devon

Printed and bound in China by 1010 Printing International Ltd.

Common instructions in *¡Así!*

Phrases

Busca las palabras en el texto	*Find the words in the text*
Cambia las palabras	*Change the words*
Compara con tu pareja	*Compare with your partner*
Contesta al correo electrónico/a las preguntas	*Respond to the email/questions*
Contesta la carta	*Respond to the letter*
Copia y rellena	*Copy and fill in*
¿Cuántas frases puedes escribir en 5 minutos?	*How many sentences can you write in 5 minutes?*
Elije la respuesta correcta	*Choose the correct answer*
Empareja las descripciones y los dibujos	*Pair up the descriptions and the pictures*
Escoge la respuesta correcta	*Choose the corrrect answer*
Escribe el nombre de las personas	*Write the people's names*
Escribe el número (correcto)/la letra (correcta)	*Write the (correct) number/letter*
Escribe en inglés/español	*Write in English/Spanish*
Escribe si las frases son verdad o mentira	*Write down whether the sentences are true or false*
Escribe una lista	*Write a list*
Escucha y lee	*Listen and read*
Escucha otra vez	*Listen again*
Habla con tu pareja	*Speak with your partner*
Lee las conversaciones/descripciones/frases	*Read the conversations/descriptions/sentences*
Lee las frases a tu pareja	*Read the sentences to your partner*
Mira el mapa/plano/texto	*Look at the map/plan/text*
Mira los dibujos	*Look at the pictures*
Pon ... en orden/en el orden correcto	*Put ... in order/in the correct order*
¿Quién habla?	*Who is talking?*
Practica los diálogos con tu pareja	*Practise the dialogues with your partner*
Rellena el cuadro/los blancos/los espacios	*Fill in the table/blanks/spaces*
Trabaja con tu pareja	*Work with your partner*
Une las frases (con los dibujos)	*Match the sentences (with the pictures)*
Une las preguntas y las respuestas	*Match the questions and answers*
Usa ... del cuadro	*Use ... from the box*
Vamos a cantar	*Let's sing*
Verdad o mentira	*True or false*

Single words

Añade	*Add*	mencionado/a	*mentioned*
cada	*each*	palabras	*words*
con	*with*	Repite	*Repeat*
cosa (una)	*thing*	según	*according to*
Describe	*Describe*	sin	*without*
Di	*Say*	sobre (ti)	*about (you)*
Dibuja	*Draw*	Traduce	*Translate*
información	*information*	Usa	*Use*
		¿Y tú?	*And you?*

Índice de materias Contents

Instructions
Words and phrases used in instructions are explained for you here — **page 3**

Welcome to ¡Así! — **page 6**
- Spanish-speaking countries
- introduce yourself

Unidad 1 En clase *At school* — **page 8**

	Gramática	¡Así se hace!
• meet people and say how you are • classroom instructions • the alphabet • school items • numbers 1–10 • classroom language	• tú and usted • el, la, los, las – the • un, una – a and unos, unas – some • plural of nouns	• practising dialogues • pronunciation: vowels • punctuation rules (¡! ¿?) • learning words and gender together

Unidad 2 ¿Quién eres? *Who are you?* — **page 16**

	Gramática	¡Así se hace!
• age and birthday • months of the year • numbers 11–39 • where you live • nationalities • what languages you speak	• the verbs tener and vivir • the verb ser • masculine/feminine adjectives • the verb hablar	• spotting patterns • pronunciation: e, i • pronunciation: c • the negative no

Revision (Units 1–2) and reading page — **page 24**

Unidad 3 Mi familia *My family* — **page 26**

	Gramática	¡Así se hace!
• brothers/sisters • numbers 40–100 • what you look like • what other people look like • pets	• the verb llamarse • position and ending of adjectives • yo, tú, usted, él, ella • mi/mis, tu/tus, su/sus • plural nouns	• pronunciation: h, j • linking sentences with y and pero • asking how to say something in Spanish

Unidad 4 En el pueblo *In town* — **page 34**

	Gramática	¡Así se hace!
• what there is/isn't in town • describing your town/village • what you can do in town • what you like/don't like	• hay – there is, no hay – there isn't • the verbs ser and estar • se puede – you can • a + el/la/los/las – to the • the verb gustar	• pronunciation: v, b • learning vocabulary • identifying nouns, adjectives and modifiers • using a dictionary

Revision (Units 3–4) and reading page — **page 42**

Unidad 5 En casa *At home* — **page 44**

	Gramática	¡Así se hace!
• your house • distances • rooms • furniture • what is good/bad about a place	• está a – it is … away • de + el/la/los/las – from the • de – of • prepositions + de • lo malo/bueno es que • the verbs ser and estar (revision)	• working out the meaning of new words • learning new vocabulary • pronunciation: z

Unidad 6 Tiempo libre *Free time* — **page 52**

	Gramática	¡Así se hace!
• free time activities • expressing opinions • telling the time • when/where you do activities • arrange to meet someone • weekend plans	• gustar/encantar + infinitive • on Monday/Mondays • stem–changing verbs u>ue • the verbs hacer, salir • voy a + infinitive	• reading out loud • intonation in questions • guessing new words from context • using language you already know • pronunciation: t, d

Revision (Units 5–6) and reading page — **page 62**

	Gramática	¡Así se hace!

Unidad 7 Tapas y bebidas *Snacks and drinks* — page 64

• say you are hungry/thirsty • places to drink • drinks • order a snack and pay the bill • compare snacks and drinks	• **tener** + nouns • the stem-changing verb **querer** • **para mí, ti, él, ella, usted** • regular *–er* verbs • the verb **preferir**	• using speech fillers • guessing meanings of new words • pronunciation: *ll, rr*

Unidad 8 La rutina diaria *Daily routine* — page 72

• your daily routine • your weekend routine • talk about meals • compare mealtimes • weather	• reflexive verbs • adverbs ending in *–mente* • comparatives **más … que, menos … que**	• scanning a text for information • dealing with unknown language • pronunciation: *qu + e or i* • anticipating answers

Revision (Units 7-8) and reading page — page 80

Unidad 9 El cole *School* — page 82

• your school • high numbers 100–1000 • time and days of the week • school subjects and what you think of them • how often you do something	• time: **a la una y … a las dos menos …** • **y** *(and)* **>e** before words beginning with *i* and *hi* • **o** *(or)* **>u** before words beginning with *o* and *ho*	• using linking words (revision) • structuring sentences using 'firstly', 'then'

Unidad 10 En la oficina de turismo *In the tourist office* — page 90

• ask for tourist information • ask and give directions • places of interest • ask about opening and closing times • things you did on holiday	• **usted/ustedes** – polite 'you' • singular polite commands • the preterite tense of **ir** – to go • **se abre, se cierra** – opens, shuts	• understanding new words (revision) • pronunciation: vowel sounds • recognising the preterite tense • practising dialogues

Revision (Units 9-10) and reading page — page 98

Unidad 11 La ropa *Clothes* — page 100

• clothes you like/dislike wearing • what you wore yesterday • shopping for clothes	• the verb **gustar** (revision) • agreeing adjectives (revision) • comparatives: **más … que, menos … que** • preterite tense of *–ar* verbs **(llevar)** • 'it' and 'them': **lo, la, los, las**	• listening for detail • adding emphasis to adjectives • pronunciation: *j, z, (r)r, v, b* • reading adverts

Unidad 12 La paga *Money* — page 108

• pocket money and jobs • what you spend your money on • give reasons for doing things	• gerunds: *–ando/–iendo* ('doing') • **para** + infinitive (in order to) • compound words (e.g. **parasol**)	• building up longer sentences • writing a structured text • pronunciation: *r* and *ñ* • **voy a** + infintive • pronunciation: *t, d*

Revision (Units 11-12) and reading page — page 116

¡Ahora tú! Unidades 1 – 12 — page 118
Additional reading and writing exercises for Units 1 – 12

Gramática — page 142
Grammar pages, where you can check up on grammar points

Vocabulario
Spanish – English glossary, where you can find out what Spanish words mean — page 153
English – Spanish glossary, where you can find out how to say words in Spanish — page 158

EL ESPAÑOL ES IMPORTANTE

- ◆ Spanish is the third most widely spoken language in the world.

- ◆ There are 22 Spanish-speaking countries.

- ◆ There are 400 million Spanish speakers in the world.

- ◆ There are 100 million Spanish speakers in Mexico alone.

- ◆ 90% of the total number of Spanish speakers in the world are from the American continent.

- ◆ There are 30 million Spanish speakers in the USA, and it is the first language in some states.

7 Buenas tardes. Me llamo Ana. Soy de Perú.

8 ¡Hola! Me llamo Alfonso. Soy de España.

¡extra! Do some research!
- Why do so many countries speak Spanish?
- Why do they not speak Spanish in part of South America?
- Why are there so many Spanish speakers in the USA?

1 En clase

1A ¡Pasad!

- meet people and say how you are
- learn how to say 'you'
- learn how to practise speaking in Spanish

1 a Escucha y lee.

A ¡Hola Susana! ¿Cómo estás?
B Muy bien, ¿y tú?
C Buenos días, Jaime. ¿Cómo estás?
D Regular. ¿Y usted?
E Buenas tardes, señorita. ¿Qué tal?
F ¡Fenomenal!
G ¿Qué tal Conchita?

1 b Practica los diálogos con tu pareja.

2 Escucha (1–6). Escribe a–d.

Ejemplo: **1** *b*

a ¡Hola!
b Buenos días.
c Buenas tardes.
d Adiós.

Gramática: *Tú* and *usted* – you

There are two ways of saying **you** in Spanish: **tú** for people your age, children and people you know, and **usted** for adults and people you don't know.

tú	usted
¿Cómo estás?	¿Cómo está?
¿Cómo te llamas?	¿Cómo se llama?
¿Y tú?	¿Y usted?

3 Escucha (1–7). ¿Cómo están?

Ejemplo: **1** *b*

¡extra! Escucha otra vez y escribe el nombre de las personas.

Paca   Bea   Marisol   Antonio   Alfonso   Mariluz   Isabel   Ana   Nuria

¡nuevo!

a fenomenal	c regular
b muy bien	d fatal

En clase • 1

4 Habla con tu pareja.

A: ¡Hola! ¿Cómo te llamas? ¿Qué tal?
B: Me llamo Conchi. Muy bien.
¡Fatal! Adiós.

¡Así se hace! *Practising dialogues*

When you are practising dialogues, try to memorise them. Close your book when you are ready.

This will not only help you to learn but will help you to speak naturally with a good accent. Try not to use any English at all.

¿Cómo te llamas?	
Me llamo...	
¿Qué tal?	¡Fenomenal!
¿Cómo estás?	¡Muy bien!
	¡Regular!
	¡Fatal!

5 Escucha (1-6). Escribe ✔ (presente) o ✘ (no está).

Ejemplo: 1 ✔

Cross-topic words
¿y tú? – *and you?*
sí – *yes*   no – *no*

Voy a pasar lista. Pablo.

Ausente.

¡Presente!

No está.

Sí, señor.

nueve 9

1B Mirad la pizarra, por favor

- understand classroom instructions
- use 'the' and the Spanish alphabet
- learn how to pronounce vowels

¡nuevo!
1 Mirad la pizarra.
2 Escuchad.
3 Abrid las ventanas.
4 Repetid.
5 Levantaos.
6 Sentaos.
7 Sacad los libros.
8 Recoged las cosas.
9 Cerrad la puerta.
10 ¡Silencio!

1 Escucha (1–10). Une las frases y los dibujos.

Ejemplo: 1 B

2 Trabaja con tu pareja. A escucha a B y hace la acción.

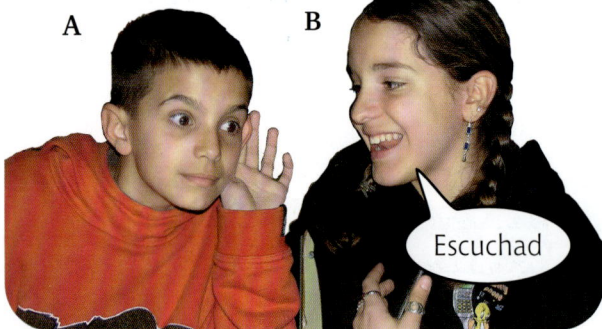

3 Rellena los espacios.

Ejemplo: 1 Abrid la puerta.

1 A_r_d la p_er_a.
2 L_vantaos, p_r f_v_r.
3 S_ _taos.
4 Re_e_id.
5 C_rr_d la puerta.
6 R_c_ged los libros.

Pronunciación: *a, e, i, o, u*

In Spanish, vowels (*a, e, i, o, u*) **are always pronounced in the same way**, whereas in English, vowel sounds can vary a great deal (e.g. **a**pple, **a**vi**a**tion).

- Repeat the sentences:

Alfonso habla alemán.

Emilio y Enrique escriben en el estuche.

En clase • 1

Gramática: the – *el, la, los, las*
In Spanish, nouns are either masculine or feminine.
The Spanish for '**the**' changes according to whether the noun is masculine, feminine, singular or plural.

masculine singular
el libro (**the** book)

masculine plural
los libros (**the** books)

feminine singular
la mesa (**the** table)

feminine plural
las mesas (**the** tables)

4 Put the correct form of 'the' in front of the following words and translate them.

1 … libro
2 … pizarras
3 … puerta
4 … mesa
5 … diálogo
6 … ventanas
7 … cosa
8 … cuadernos

¡Así se hace!

If you need to know what a Spanish word means in English, ask:

– Señor/Señorita, ¿qué significa 'mesa', por favor?
– Table.

Contrarreloj

5 ✏ Escribe frases en 5 minutos.

Recoged	con tu pareja.
Trabajad	la pizarra.
Repetid	el libro.
Abrid	el diálogo.
Cerrad	las cosas.
Mirad	los libros.
Sentaos	la ventana.
Levantaos	la puerta.
Escuchad	las ventanas.
Sacad	los cuadernos.

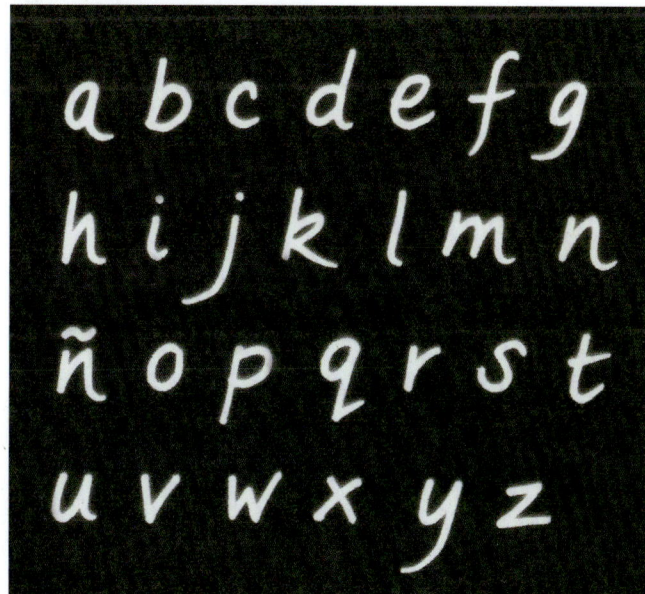

6 a 💿 Escucha y repite el rap del alfabeto.

6 b 💬 Di las letras de tu nombre.

Ejemplo: **M-i-c-h-a-e-l**

Cross-topic words
el/la/los/las – *the*

once **11**

1C ¿Tienes...?

- name things you use at school
- learn how to say 'a' and 'some'; learn how to make nouns plural
- learn numbers 1–10

a un lápiz

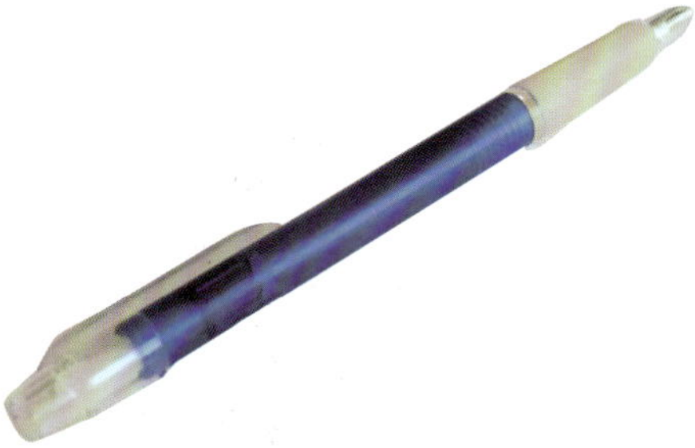

b un bolígrafo

c una pluma

d un cuaderno

e un libro

f una goma

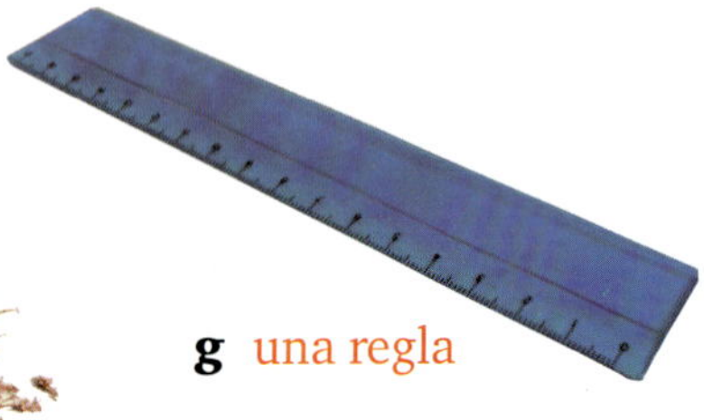

g una regla

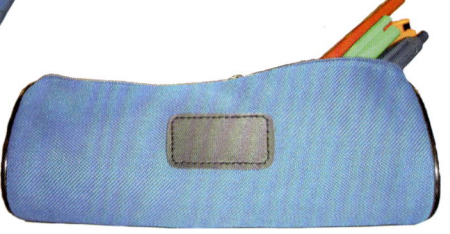

h un estuche

i una mochila

1 a 🔘 Escucha (1–8). Escribe la letra.

Ejemplo: **1** e

1 b 🔘 Escucha (1–5). Escribe las letras de las cosas en orden.

Ejemplo: a, b ...

2 *Put the following words into two columns: those that take* **un** *and those that take* **una**.

libro	goma	regla
mochila	estuche	pluma
pizarra	cuaderno	diálogo

¡Así se hace!

When you learn new words, learn them with the article *el* or *la* OR *un* or *una*.

Gramática: a and **some**

● Look at the pictures above. Why do some words take *un* and some take *una*? What do you think that **un/una** means?

In the plural, **un** becomes **unos** and **una** becomes **unas**.

	singular	plural
masc.	**un** libro (**a** book)	**unos** libros (**some** books)
fem.	**una** regla (**a** ruler)	**unas** reglas (**some** rulers)

12 doce

En clase • 1

3 Vamos a cantar.

¡nuevo!
Los números
| 1 uno | 3 tres | 5 cinco | 7 siete | 9 nueve |
| 2 dos | 4 cuatro | 6 seis | 8 ocho | 10 diez |

4 Habla con tu pareja.

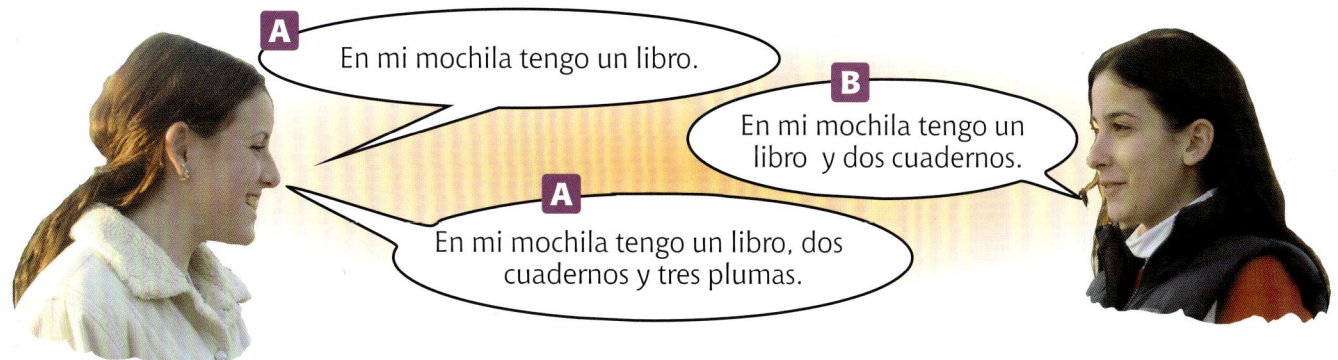

A: En mi mochila tengo un libro.
B: En mi mochila tengo un libro y dos cuadernos.
A: En mi mochila tengo un libro, dos cuadernos y tres plumas.

5 a *Put the following nouns into the plural:*

pluma   bolígrafo
mochila   puerta
diálogo   cuaderno
pizarra   goma

Gramática: plurals

	singular	plural
masc.	un libro	dos lib**ros**
fem.	una goma	tres gom**as**

● What happens to *libro* and *goma* when there are more than one?

Tip: Most Spanish nouns ending in -o are masculine, most words ending in -a are feminine.

5 b Lee las descripciones: ¿a, b, c o d?

a En mi mochila tengo dos bolígrafos, una regla, una goma y tres cuadernos.
b En mi mochila tengo un bolígrafo, una regla, dos gomas y tres cuadernos.
c En mi mochila tengo dos bolígrafos, dos reglas, una goma y dos cuadernos.
d En mi mochila tengo dos gomas, una regla, dos bolígrafos y dos cuadernos.

5 c ¿Qué tienes en tu mochila y en tu estuche? Escribe una lista.

En mi mochila tengo...

En mi estuche tengo...

Cross-topic words
y – *and*   **mi** – *my*

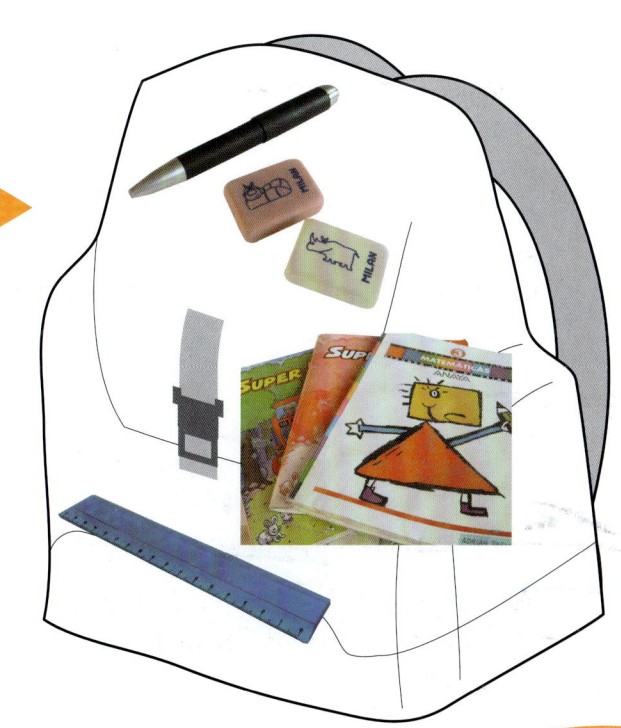

trece **13**

1D ¿Puedo…?

- say things you need in the Spanish class
- understand when to use ¡…! and ¿…?

1 a 🔘 Escucha (1–7) y lee las frases. Escribe el número correcto.

Ejemplo: 1 D

¡nuevo!

1. ¿Cómo se escribe *Venezuela*?
2. ¿Cómo se dice '*pen*' en español?
3. ¿Qué significa *pizarra*?
4. ¿Puedo ir *al baño*, por favor?
5. No comprendo.
6. No sé.
7. ¿Puede repetir, por favor?

1 b ✏️ ¡extra! Cambia las palabras en *itálica* en 1a con las palabras de abajo.

Ejemplo: 1 ¿Cómo se escribe *estuche*?

1. estuche
2. al patio
3. regla
4. a la cantina

2 🔘 Listen (1–10) and write ¿…? for questions or ¡…! for exclamations or nothing for normal statements.

Ejemplo: 1 ¡…!

3 💬 ¡extra! Escribe cinco frases con ¿…? y sin ¿…? Lee las frases a tu pareja.

Ejemplo: ¿Tengo un estuche? Tengo un estuche.

⚙️ **Cross-topic words**

¿Puedo? – *Can I?* **¿Puede?** – *Can you?*

¡Así se hace! ¡…! ¿…?

– You have already come across plenty of examples of upside-down **question** and **exclamation** marks. Both marks are needed every time.

– This is particularly important for questions. Look at how the word order changes for questions in English but not in Spanish.

    Puedo ir al patio.   I can go to the playground.

    ¿Puedo ir al patio?   Can I go to the playground?

– If the ¿ was not there, you would not know it was a question until the end of the sentence!

– When Spanish people ask you a question, you can usually only tell because of the way they speak.

Resumen

En clase • 1

Saludos	**Greetings**
¡Hola!	Hello
Buenos días	Good morning
Buenas tardes	Good afternoon
¿Qué tal?	How are you?
Señor/Señora/Señorita	Mr, Mrs, Miss
¿Cómo te llamas?	What is your name?
Me llamo …	My name is …
Soy de …	I am from …

En clase	**In class**
Presente	Present
Ausente	Absent
Sí	Yes
No	No
No está	He/She isn't here
Mirad la pizarra	Look at the blackboard
Escuchad	Listen
Abrid las ventanas	Open the windows
Cerrad la puerta	Close the door
Repetid	Repeat
Levantaos	Get up
¡Silencio!	Silence!
Sacad los libros	Take out your books
Recoged las cosas	Pack away your things
Sentaos	Sit down
En mi mochila tengo…	In my rucksack I have…
una mochila	a school bag
un estuche	a pencil case
un lápiz	a pencil
un bolígrafo	a biro
una pluma	a pen
un cuaderno	an exercise book
un libro	a book
una goma	an eraser
una regla	a ruler
¿Puedo ir al baño, por favor?	Can I go to the toilet, please?
¿Cómo se escribe 'Venezuela'?	How do you write 'Venezuela'?
¿Cómo se dice 'pen' en español?	How do you say 'pen' in Spanish?
¿Qué significa 'pizarra'?	What does 'pizarra' mean?
No comprendo	I don't understand
No sé	I don't know
¿Puede repetir, por favor?	Can you repeat it, please?

Los números 1-10	**Numbers 1-10**
uno	one
dos	two
tres	three
cuatro	four
cinco	five
seis	six
siete	seven
ocho	eight
nueve	nine
diez	ten

Gramática:

Using the informal and formal 'you'	tú, usted	
Plural commands	Cerrad la puerta, repetid	
'the': *el* (masculine singular), *la* (feminine singular), *los* (masculine plural) and *las* (feminine plural)	**el** libro **los** libros	**la** goma **las** gomas
'a': *un* (masculine) and *una* (feminine) 'some': *unos* (masculine) and *unas* (feminine)	**un** cuaderno **unos** cuadernos	**una** regla **unas** reglas
Plurals of nouns ending in 'o' or 'a'.	bolígrafos, mochilas	
Exclamation and question marks: ¡…! and ¿…?	¡Hola!	¿Puedo ir al baño?

¡Así se hace!

- ★ Practising dialogues to help memory and fluency.
- ★ Learning words and gender at the same time (**el** estuche NOT estuche).
- ★ Pronunciation: vowels (a, e, i, o, u)

Cross-topic words

¿y tú? – *and you?*
sí – *yes*   no – *no*
el/la/los/las – *the*
y – *and*   mi – *my*
¿Puedo? – *Can I?*
¿Puede? – *Can you (formal)?*

2 ¿Quién eres?

2A ¿Cuántos años tienes?

- say your age and birthday
- learn the months of the year
- use numbers 11–39

¡nuevo!

11	once	16	dieciséis
12	doce	17	diecisiete
13	trece	18	dieciocho
14	catorce	19	diecinueve
15	quince	20	veinte

1 Escucha y lee.

2 Escucha (1–5). Escribe el número y la letra.

Ejemplo: **1 h**

a 10   e 15
b 16   f 20
c 14   g 11
d 18   h 12

¡Así se hace! *saying how old you are*

Tengo means 'I have'. In Spanish, to say 'I'm 12', you say 'I have twelve years' (*tengo doce años*).

3 a Lee las conversaciones. ¿Cuántos años tienen?

Ejemplo: **Marina –12 años**

1   Hola. ¿Cómo te llamas?
    Me llamo Marina.
    ¿Y cuántos años tienes?
    Tengo **doce** años.

2   Hola, Miguel. ¿Cuántos años tienes?
    Tengo **veintiséis** años.

3   Buenas tardes, Pilar. ¿Cuántos años tienes?
    Tengo treinta y ocho años. ¿Y tú, Elena?
    Yo tengo **dieciséis**.

4   Hola, ¿cómo te llamas?
    Soy Pedro, y tengo **veintidós** años.

5   ¿Qué tal, Ignacio?
    Muy bien, ¿y tú?
    ¡Estupendo! Oye, ¿cuántos años tienes?
    Tengo **quince** años.

3 b Habla con tu pareja. Usa los diálogos en 3a como modelo.

A ¿Cuántos años tienes?
B Tengo quince años.

4 a ¡extra! Pon los meses en orden.

¡Así se hace!

- Think about the months of the year in English. Can you recognise the names of the months in Spanish?
- Talk about it with your partner. How did you manage to recognise the names of the months in Spanish? What links can you make between Spanish and English?

4 b Escucha y repite los meses.

¡extra! ¡Así se hace!

You can work some things out for yourself when you spot the pattern.

- Look at numbers 21–31. Can you guess the Spanish for numbers 32–39? Look at the *Resumen* on page 23 to check whether you guessed correctly.

¡nuevo!

21	veintiuno	27	veintisiete
22	veintidós	28	veintiocho
23	veintitrés	29	veintinueve
24	veinticuatro	30	treinta
25	veinticinco	31	treinta y uno
26	veintiséis		

5 a Escucha (1–6) y escribe los cumpleaños.

Ejemplo: **1** 2 de mayo

5 b ¡extra! Escucha otra vez. Escribe los nombres. ¿Hay información extra?

Ejemplo: **1** Maite, ocho años

Inés   Isabel   Marcelo   Maite   Aurora   Luis

5 c ¿Y tú? Habla con tu pareja. Cambia las palabras.

A ¿Cómo te llamas?
B Me llamo Steve.
A ¿Cuándo es tu cumpleaños?
B Mi cumpleaños es el cuatro de mayo.
A ¿Cuántos años tienes?
B Tengo ocho años.

¿Cuándo es tu cumpleaños?
Mi cumpleaños es el primero/dos de enero/febrero.

Cross-topic words
tu – *your*

2B ¿Dónde vives?

- say where you live
- use the present tense singular of *tener* and *vivir*
- learn how to pronounce *e* and *i*

1 a Escucha (1–6). ¿Dónde viven?

Ejemplo: Víctor: España

1. Víctor
2. Stephanie
3. Marco
4. Andrew
5. Françoise
6. Rick

1 b ¿Y tú? ¿Dónde vives? Habla con tu pareja.

A ¿Dónde vives?
B Vivo en Francia.

Gramática: the present tense

In Spanish the ending of the verb changes depending on who is doing the action of the verb. Below are examples of an irregular verb you have met already (*tener*) and of a regular –*ir* verb (*vivir*).

	tener (to have)	vivir (to live)
I	teng**o**	viv**o**
you	tien**es**	viv**es**
he/she/it/you (formal)	tien**e**	viv**e**

2 ¿Qué dicen?

Ejemplo: 1 ¡Hola! Soy Pilar. Vivo en Santander, en el norte de España.

2 ¡Hola! Soy María. Vivo en…

18 dieciocho

¿Quién eres? • 2

3 Lee las descripciones. ¿Quién habla?

Ejemplo: **1 D**

A ¡Hola! Vivo en Méjico.

B ¿Qué tal? Vivo en Italia.

C ¡Buenos días! Vivo en Alemania, y en América.

D ¡Hola! ¿Qué tal? Soy de Gales, pero vivo en América.

E ¡Buenas tardes! Vivo en la capital de España, en Madrid.

F ¡Hola! Vivo en Inglaterra.

G ¿Qué tal? Soy de Francia, pero ahora vivo en España.

4 Escribe unas frases sobre ti: tu nombre y dónde vives. Otras cosas: tu cumpleaños, tu edad.

Pronunciación: *e* and *i*

- Repeat the names of the following countries, paying special attention to the vowels in bold type.

  Escoc**i**a   **I**nglat**e**rra   M**é**j**i**co
  Gal**es**   **E**spaña   Al**e**man**i**a
  Irlanda   **E**stados Un**i**dos   **I**tal**i**a

Cross-topic words
en – *in*

diecinueve 19

2C ¿Cuál es tu nacionalidad?

- say your nationality
- use the present tense singular of *ser*
- recognise masculine and feminine forms

1 Escucha(1–8) y lee.

2 Buenos días. Soy Verónica. Vivo en Madrid. Soy **española**.

4 Buenas tardes. Me llamo Peter. Vivo en Bonn. Soy **alemán**.

3 ¿Qué tal? Soy Martin. Vivo en Escocia. Soy **escocés**.

1 Hola. Me llamo Paul. Soy de Inglaterra. Soy **inglés**.

5 Hola. Me llamo Mark. Vivo en Gales. Soy **galés**.

2 💬 Habla con tu pareja. Cambia las palabras.
- A ¡Hola! ¿Cuál es tu nacionalidad?
- B *Soy española.*
- A Eres *Verónica*.
- B *Sí*.

3 📖 Lee las frases. Escribe si habla un chico o una chica.
Ejemplo: 1 un chico

1 Soy inglés.
2 Soy española.
3 Soy mejicana.
4 Soy portugués.
5 Soy alemana.
6 Soy galesa.
7 Soy escocés.
8 Soy italiana.
9 Soy español.
10 Soy inglesa.

4 💿 Escucha (1–10). Escribe en inglés la nacionalidad y el género.
Ejemplo: 1 Spanish, girl

Gramática: nationalities

- Look at what the young people say in exercise 1. What do you notice about the endings? Can you spot any patterns between the nationality of a man and a woman?

5 Copy the table and fill in the gaps.

♂	♀
inglés	inglesa
galés	gal____
escoc____	escocesa
alemán	aleman____
español	español____
franc____	francesa
italiano	italian____
portugués	portugu____
mejicano	____

¿Quién eres? • 2

6 Buenos días. Me llamo Kate. Soy **inglesa**.

7 Hola, ¿Qué tal? Soy Antonio. Soy **español**.

8 Buenas tardes. Soy Anna, y soy de Gales. Soy **galesa**.

🗣️ Pronunciación: *c*
The letter **c** is pronounced in the same way as the English 'th' when it is followed by *e* or *i*.

- 💿 Practise the following words:

francés	nacionalidad	diecinueve
escocesa	centro	doce
Francia	diecisiete	diciembre

Gramática: *ser* – to be

soy	I am
eres	you are
es	he/she/it is/you (formal) are
son	they/you (formal plural) are

6 💬 ¡**extra**! **Habla con tu pareja. Cambia las palabras.**

Ejemplo: 1
- **A** ¿Eres *francesa*?
- **B** *No, soy italiana.*
- **A** ¿Y tu *amigo*?
- **B** *Mi amigo es inglés.*

veintiuno

2D ¿Qué idiomas hablas?

- learn how to make sentences negative
- use the present tense of regular -ar verbs

¡Así se hace! negatives

● Look at the picture story. Can you spot how to make a sentence negative in Spanish? Where is the **no** placed?

1 a Escucha y lee. Escribe en inglés los idiomas que se mencionan.

Ejemplo: español

1 b Mira el texto. Habla con tu pareja.

Ejemplo:
A Hablo español, y un poco de francés.
B *Eres Marisa.*

Gramática: regular –ar verbs

habl**o**	I speak
habl**as**	you speak
habl**a**	he/she/it/you (formal) speak(s)
habl**an**	they/you (formal plural) speak

2 Copia y rellena la carta.

¡Hola!
¿Qué tal? Me llamo Estefanía. Tengo 12 años. Mi cumpleaños es el 27 de [agosto]. Vivo en Granada, está en el [⚽] de Andalucía, en [🗺]. Soy [🇪🇸]. Hablo muchos idiomas. Hablo [🇩🇪], [🇫🇷], [🇬🇧], [🇩🇪]. No hablo ni [🇵🇹] ni [🇮🇹].
¿Y tú? ¿Cómo te llamas? ¿Qué idiomas hablas?
Estefanía

Resumen

¿Quién eres? • 2

Los números / Numbers

once	11
doce	12
trece	13
catorce	14
quince	15
dieciséis	16
diecisiete	17
dieciocho	18
diecinueve	19
veinte	20
veintiuno	21
veintidós	22
veintitrés	23
veinticuatro	24
veinticinco	25
veintiséis	26
veintisiete	27
veintiocho	28
veintinueve	29
treinta	30
treinta y uno	31
treinta y dos	32
treinta y tres	33
treinta y cuatro	34
treinta y cinco	35
treinta y seis	36
treinta y siete	37
treinta y ocho	38
treinta y nueve	39

Edad y cumpleaños / Age and birthday

¿Cuántos años tienes? — How old are you?
Tengo doce años — I am 12 years old
¿Cuándo es tu cumpleaños? — When is your birthday?
Mi cumpleaños es el quince de junio — My birthday is on the 15th of June

Los meses del año / Months of the year

enero	January
febrero	February
marzo	March
abril	April
mayo	May
junio	June
julio	July
agosto	August
septiembre	September
octubre	October
noviembre	November
diciembre	December

¿Dónde vives? / Where do you live?

Vivo en… — I live in…
- España — Spain
- Alemania — Germany
- Italia — Italy
- Méjico — Mexico
- Francia — France

Inglaterra — England
Gales — Wales
Escocia — Scotland
Irlanda — Ireland

Está en… — It is in…
- el norte — the north
- el sur — the south
- el este — the east
- el oeste — the west
- el centro de España — the centre of Spain

Nacionalidades / Nationalities

Soy… — I am…
- inglés/inglesa — English
- español/española — Spanish
- escocés/escocesa — Scottish
- alemán/alemana — German
- galés/galesa — Welsh
- irlandés/irlandesa — Irish
- mejicano/mejicana — Mexican
- francés/francesa — French
- italiano/italiana — Italian
- portugués/portuguesa — Portuguese

¿Qué idiomas hablas? — What languages do you speak?
Hablo inglés, francés e italiano — I speak English, French and Italian
No hablo español — I don't speak Spanish

Gramática:

ser (to be): *soy, eres, es, son*
tener (to have): *tengo, tienes, tiene*
vivir (to live): *viv**o**, viv**es**, viv**e***

Nationalities: ingl**és**/ingl**esa**, mejican**o**/mejican**a**

hablar (to speak): *habl**o**, habl**as**, habl**a**, habl**an***

Cross-topic words
tu – *your*   en – *in*

¡Así se hace!

★ Recognising parallels between English and Spanish
★ Spotting patterns (numbers)
★ Pronunciation: e, i; c+e, c+i

veintitrés 23

Repaso

Unidades 1 y 2

¿Problemas? Mira las páginas 15 y 23.

1 🔊 Escucha (1–6). ¿Que tienen ✔ y no tienen ✘ en sus mochilas?

Ejemplo: **1** Julián: ✔ un lápiz y dos libros ✘ goma

1 Julián
2 Esperanza
3 Marcos
4 Pablo
5 Macarena
6 Esteban

2 💬 Habla con tu pareja. Contesta a las preguntas.

Ejemplo:
A ¿Cómo te llamas?
B *Me llamo Paco.*

1 ¿Cómo te llamas?
2 ¿Cuántos años tienes?
3 ¿Dónde vives?
4 ¿Dónde está?
5 ¿Cuál es tu nacionalidad?
6 ¿Qué idiomas hablas?

3 📖 Une las preguntas y las respuestas.

Ejemplo: **1** b

1 ¿Cómo te llamas?
2 ¿Cuántos años tienes?
3 ¿Qué tienes en tu mochila?
4 ¿Puedo salir, señorita?
5 ¿Dónde vives?
6 ¿Tienes una goma?
7 ¿Dónde está Sheffield?
8 ¿Cuál es tu nacionalidad?

a Está en el norte de Inglaterra.
b Me llamo Inés.
c No, no tengo.
d Sí, puedes salir.
e Soy inglés.
f Tengo quince años.
g Tengo un libro y dos bolis.
h Vivo en Valencia, en el este de España.

4 ✏️ Escribe frases para los dibujos.

Ejemplo: Vivo en el centro de Inglaterra.

¡Se vende!

1 What do Quique and María buy? Write a list.

Quique: 10 estuches....
María:

2 Why does María look so surprised in the last picture? What has she just realised?

3 Mi familia

3A ¿Tienes hermanos?

- say who is in your family; use numbers 40-100
- use the reflexive verb *llamarse* (to be called)
- learn how to pronounce the silent *h*

¿Tienes hermanos?

1 a  Escucha y lee.

Tengo un hermano y una hermana.

Tengo dos hermanas.

Tengo dos hermanos y un hermanastro.

Soy hijo único.

1 b Escucha (1–5). ¿Tienen hermanos? ¿Cómo se llaman?

Ejemplo: **1** un hermano, Antonio

| Antonio | Noelia | Helena | Sergio |
| Miguel Ángel | Blanca | Ana Belén | |

1 c ¿Y tú? Habla con tu pareja.

Ejemplo:

A: ¿Tienes hermanos?

B: Sí, tengo una hermana que se llama Sarah.

Tengo…	un hermano	que se llama
	una hermana	
	un hermanastro	
	una hermanastra	
	dos hermanos	que se llaman… y …
Soy	hijo único	
	hija única	

Gramática: *llamarse* – to be called

me llamo	I am called
te llamas	you are called
se llama	he/she/it is/you (formal) are called
se llaman	they/you (formal plural) are called

Pronunciación: h

The letter *h* is silent in Spanish.

- Say the following words:

hijo	hermanastro
hija	hermanastra
hermano	hijastro
hermana	hijastra

Mi familia • 3

2 Escucha (1–9). Escribe las edades.
¡extra! Escribe los nombres.
Ejemplo 1 19 ¡extra! Helena

3 ¿Y tú? ¿Cómo es tu familia? Dibuja tu árbol genealógico. Escribe los nombres y las edades.

¡Así se hace!

If you need to know how to say something in Spanish…

¿Cómo se dice 'step-father' en español?

¡nuevo!

40	cuarenta	80	ochenta
50	cincuenta	90	noventa
60	sesenta	100	cien
70	setenta		

4 a Lee y escribe si las frases son verdad (V) o mentira (M).

Ejemplo: **1** V

1. Cristina tiene 17 años.
2. Cristina vive en el centro de España.
3. Cristina tiene dos hermanos gemelos.
4. El hermano de Cristina vive en casa.
5. La hermana de Cristina se llama Antonia.
6. Los padres de Cristina se llaman José Manuel y Carmen.
7. José Manuel es el tío favorito de Cristina.
8. La hermana de María Jesús se llama Victoria.

¡Hola! ¿Qué tal?
Soy Cristina y tengo diecisiete años. Vivo en Sevilla, en el sur de España.
Tengo un hermano. Mi hermano un se llama Juan y tiene veinticinco años. Vive en casa con nosotros. Mi hermana se llama Lola y tiene trece años.
Mi abuela vive con nosotros también. Se llama Antonia y tiene setenta años. Mis padres se llaman José Manuel y Carmen. Mi padre tiene cuarenta y ocho años, y mi madre cuarenta y seis.
Tengo muchos primos y tíos. Mi tío favorito se llama Enrique. Es el hermano mayor de mi madre, y tiene cincuenta años. Tiene dos hijas gemelas: María Jesús y Victoria.
¿Cómo es tu familia? Escribe pronto.
Un abrazo,
Cristina

4 b ¡extra! Contesta la carta de Cristina. Describe a tu familia.

3B ¿Cómo eres?

- say what somebody looks like
- learn how to use adjectives
- learn how to pronounce *j*

1 Escucha (1-6) y lee.

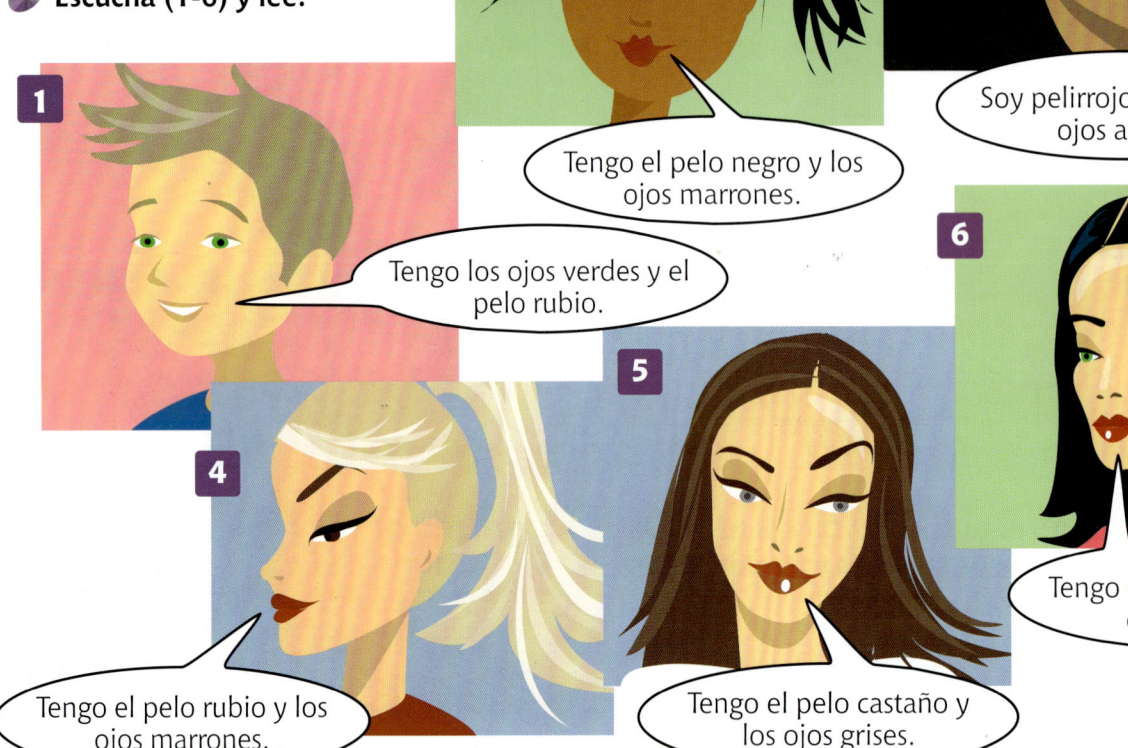

Tengo el pelo negro y los ojos marrones.

Soy pelirrojo y tengo los ojos azules.

Tengo los ojos verdes y el pelo rubio.

Tengo el pelo negro y los ojos verdes.

Tengo el pelo rubio y los ojos marrones.

Tengo el pelo castaño y los ojos grises.

Gramática: position of adjectives

- Do you notice a difference in English and Spanish word order in the following sentences?

    Tengo el pelo rubio y los ojos marrones.
    I have blond hair and brown eyes.

    Tengo los ojos azules y el pelo negro.
    I have blue eyes and black hair.

2 Put the following sentences in the correct order.

1 azules el ojos pelo Tengo rubio y los
2 el negro los negros ojos pelo Tengo y
3 el ojos pelo los Tengo rubio y verdes
4 el castaño los marrones Tengo pelo y ojos
5 castaño el los negros ojos pelo Tengo y
6 azules y el gris los Tengo pelo ojos

3 Escucha (1–5). ¿Cómo se llaman?

Ejemplo: **1** Ana

Belén

Ana

José

Cristóbal

María Luisa

Mi familia • 3

4 Rellena los colores.

1 Mi amiga tiene el pelo  y los ojos

2 Mi padre tiene el pelo 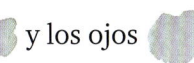 y los ojos

3 Mi hermano tiene el pelo  y los ojos

4 Mi madre tiene el pelo 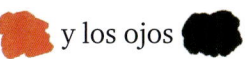 y los ojos

Gramática: endings of adjectives

Adjectives agree with the nouns they describe.
For adjectives ending in a vowel, add **–s**:

Singular	Plural
rubi**o**	rubi**os**
blanc**a**	blanc**as**
verd**e**	verd**es**

For adjectives ending in a consonant, add **–es**:

marró**n***	marron**es**
azu**l**	azul**es**
gri**s**	gris**es**

* The accent is dropped in the plural

5 a Une las descripciones y los dibujos.

Ejemplo: 1 B

 A  B  C  D 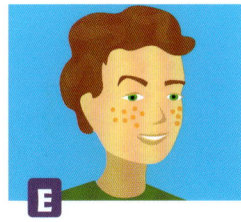 E

1 Hola. Me llamo María. Tengo el pelo largo, liso y rubio. Mis ojos son grandes y azules.

2 ¿Qué tal? Mi nombre es Luís. Tengo el pelo muy corto y negro y los ojos marrones. Mi piel es blanca.

3 ¡Buenas tardes! Soy Ignacio. Como ves, soy pelirrojo y tengo el pelo corto y ondulado. Mis ojos son pequeños y verdes. ¡Y tengo pecas!

4 ¿Qué tal? Soy Isabel. Me describo: tengo el pelo castaño, muy largo y rizado. Mis ojos son grandes y grises. Soy morena ¡pero llevo gafas!

5 ¡Hola! Me llamo Nuria. Tengo el pelo corto, rizado y negro, y mis ojos son negros también. Mi piel es negra.

5 b ¡extra! Elige una persona. Tu pareja adivina. Tú contestas solamente *sí* o *no*.

Ejemplo:

A ¿Tienes el pelo rubio?	B *No.*
A ¿Tienes el pelo negro?	B *Sí.*
A ¿Tienes los ojos marrones?	B *No.*
A ¿Tienes los ojos negros?	B *No.*
A ¿Eres la persona A?	B *Sí.*

Pronunciación: j

The letter *j* is similar to the aspirated 'h' in English, but it is a much stronger sound. The closest sound in English is the sound at the end of the Scottish word 'lo**ch**'.

- Close your book, listen and repeat the words, concentrating on the *j* sound.

hijo	hijastro
hija	hijastra
ojos	pájaro

6 Y tú, ¿cómo eres? Escribe tu descripción.

Tengo	el pelo	negro/liso/rubio/castaño
	la piel	blanca/negra
	los ojos	azules/marrones/grises/verdes
	gafas/pecas	

veintinueve 29

3C ¿Cómo son?

- describe other physical aspects and personality
- use possessive adjectives
- link sentences

1 a 🔘 **Escucha (1–5) y mira los dibujos.**

Mi tía es delgada. Mi tío es gordito.

2

Mi madre es habladora. Mi padre es callado.

3

Mi padre es alto. Mi hermana es baja.

1

Gramática: subject pronouns – I, you, he, she

Look at the last of the descriptions in exercise 1a. The boy says *Yo soy joven*. Although you do not normally use the subject pronouns (*yo*, *tú*, etc) sometimes you need them for emphasis.

yo	I
tú	you
usted	you (formal)
él	he
ella	she

1 b 📖 **¿Cómo son? Escribe en español e inglés.**

Ejemplo: padre (dad) – alto (tall)

hermana   madre
tía   primas
tío   yo

2 📖 **Encuentra los opuestos.**

Ejemplo: alto – bajo

alto   gordito
antipático   hablador
bajo   joven
callado   simpático
delgado   viejo

3 🔘 **Escucha (1–5). ¿Cómo se llaman?**

Ejemplo: 1 Alejandra

José María

Inés

María Jesús   Pepe   Alejandra

Mi familia • 3

"Tengo dos primas. Ana María es simpática, pero Amelia es antipática."

"Yo soy joven. Mi abuelo es viejo."

Gramática: possessive adjectives

● Unlike in English, possessive adjectives in Spanish have different forms. Why do you think this is?

my	*mi* madre (my mum)	*mis* hermanas (my sisters)
your	*tu* abuelo (your grandad)	*tus* tíos (your uncles)
his/her/their	*su* primo (his/her/their cousin)	*sus* padres (his/her/their parents)

4 ✏️ *Copy the sentences and write the correct possessive adjectives.*

1. Me llamo Inés y _____ madre se llama Isabel.
2. – ¿Cómo se llaman _____ hermanos?
   – Pedro y Antonio.
3. Mi amiga se llama Paula y _____ padres se llaman José y Pilar.
4. Soy Sergio, y _____ abuelos se llaman Josefa y Antonio.
5. – ¿Cómo es _____ padre?
   – Es rubio y tiene los ojos azules.
6. Mi mejor amiga se llama Ana y _____ madre tiene los ojos verdes.

5 a 📖 Lee la carta y rellena los blancos.

¡Hola!

¿Qué tal? Me llamo Antonio y tengo  años.

Voy a presentarte a mi familia. Tengo dos hermanos y una hermana.

Mis hermanos son  y se llaman Andrés y Juan.

Andrés es  pero Juan es bastante . Mi madre se llama María José y es muy . Mi se llama Eduardo y tiene 44 años.

Es muy  pero simpático.

Mis abuelos son muy . ¿Cómo es tu familia?

Escribe pronto. Antonio

¡Así se hace! *Linking sentences*

– The letter shows examples of how to link two similar ideas:

Tengo dos hermanos y una hermana.
I have two brothers **and** a sister.

– and two contrasting ideas:

Es muy callado pero simpático.
He is very quiet **but** nice.

5 b ✏️ ¡extra! Contesta al correo electrónico de Antonio. Describe a tu familia.

¡Hola! ¿Qué tal? Me llamo…
Voy a describir a mi familia. Tengo…

3D ¿Tienes animales?

- talk about pets
- learn more about how to make nouns plural

1 Escucha y lee.

Tengo un perro.

Tengo una cobaya.

Tengo un hámster.

Tengo un caballo.

Tengo tres pájaros.

Tengo un ratón.

Tengo una tortuga.

Tengo dos gatos.

Tengo tres peces de colores.

Tengo una serpiente.

No tengo animales.

2 a Lee y une las frases.

Ejemplo: 1 c

> ¡Hola!
> Me llamo Paco. Tengo muchos animales.
> Tengo dos perros. Mi perro Golfo es muy simpático, pero Peluche es antipático.
> También tenemos cinco tortugas. Son muy viejas.
> Tengo un gato que se llama Princesa y seis peces de colores.
> También tenemos dos cobayas jóvenes, que se llaman Maki y Miki.

1. Paco tiene
2. Paco tiene dos
3. Peluche es un perro
4. Sus cinco tortugas
5. Tiene 6 peces
6. Las cobayas

a. antipático.
b. son viejas.
c. muchos animales.
d. se llaman Maki y Miki.
e. de colores.
f. perros.

2 b ¿Y tú? ¿Tienes animales? ¿Cómo son?

3 Practica con tu pareja. ¿Qué tal tu memoria?

A Tengo un perro.
B Tengo un perro y dos gatos.
A Tengo un perro, dos gatos y tres peces.

Grámatica: plural nouns

In English we add –s (pen**s**) or –es (box**es**) to form the plural. It is the same in Spanish: add an **–s** to words finishing with a vowel (a, e, o) and **–es** to words finishing with a consonant.

There are other rules for words ending with a consonant:

rat**ón** » rat**ones** (the accent disappears)
pe**z** » pe**ces** (the 'z' becomes a 'c')
hámste**r** » hámste**rs** (words borrowed from English usually end with an –s in the plural.)

4 Choose the appropriate word.

1. Tenemos un (gato/gatos) y dos (cobaya/cobayas).
2. Mis padres tienen dos (caballo/caballos).
3. Tengo tres (pez/peces) y un (hámster/hámsters).
4. ¿Tienes animales? Sí, tengo un (perro/perros).
5. Mi amigo tiene una (serpiente/serpientes) muy simpática.
6. ¿Qué animales tienes? Tengo tres (ratón/ratones).

Resumen

Mi familia • 3

Los números		Numbers
treinta		30
cuarenta		40
cincuenta		50
sesenta		60
setenta		70
ochenta		80
noventa		90
cien		100

La familia — Family

¿Tienes hermanas?	Do have brothers and sisters?
Tengo una hermana	I have one sister
el padre	father
la madre	mother
la hermana	sister
el hijo	son
la hija	daughter
el abuelo	grandfather
la abuela	grandmother
el tío	uncle
la tía	aunt
el primo	male cousin
la prima	female cousin
el hermanastro	step/half-brother
el hermano	brother
la hermanastra	step/half-sister
los hermanos gemelos	twin brothers
las hermanas gemelas	twin sisters

Descripción física — Physical description

¿Cómo eres?	What are you like?
Tengo pecas	I have freckles
Llevo gafas	I wear glasses

Tengo... — I have...

el pelo rubio	blond hair
castaño/negro/gris	brown/black/grey hair
el pelo liso	straight hair
el pelo ondulado	wavy hair
el pelo rizado	curly hair
el pelo (muy) largo	(very) long hair
el pelo (bastante) corto	(quite) short hair
los ojos verdes	green eyes
los ojos azules/marrones	blue/brown eyes
los ojos grises/negros	grey/black eyes
los ojos grandes/pequeños	big/small eyes
Soy pelirrojo	I am a red head/I have red hair
Es…	He is…
alto/bajo/	tall/short
gordito/delgado	plump/slim
joven/viejo	young/old
simpático/antipático	nice/nasty
hablador/callado	talkative/quiet
grande/pequeño	big/small

Los animales — Pets

¿Tienes animales?	Do you have any pets?
No, no tengo animales	No, I don't have any pets
Tengo …	I have …
un perro	a dog
un pez de colores	a goldfish
un gato/una cobaya	a cat/a guinea pig
un hámster/un caballo	a hamster/a horse
una serpiente/un pájaro	a snake/a bird
un ratón/una tortuga	a mouse/a turtle/tortoise
Mi perro es simpático	My dog is nice
Mis peces de colores son viejos	My goldfish are old

Gramática:

Plurals of nouns ending with a consonant: *hámster » hámsters; ratón » ratones; pez » peces*

Subject pronouns:				Endings of adjectives:
I	**yo**	he	**él**	Adjectives ending in a vowel take **–s** in the plural.
you	**tú**	she	**ella**	Adjectives ending in a consonant take **–es** in the plural.

Possessive adjectives:			Position of adjectives: adjectives come **after** the noun they describe.
	singular	**plural**	
my	**mi**	**mis**	*llamarse* - to be called
your	**tu**	**tus**	me llamo, te llamas, se llama, se llaman
his/her/their	**su**	**sus**	

¡Así se hace!

★ Linking sentences with *y* (and) and *pero* (but)

★ Pronunciation: *h, j*

Cross-topic words

y – and   *pero* – but

4 En el pueblo

4A ¿Qué hay en tu pueblo?

- say where you live and what facilities there are
- practise learning new vocabulary
- learn how to pronounce v and b

1 a 🔊 Escucha (1–3) y lee.

Vivo en una aldea en el campo.

¡Hola! Me llamo Susana. Vivo en el campo en una aldea. Está en Galicia en el norte de España. No hay mucho en la aldea.

Hay dos restaurantes, unos bares, unas tiendas, un supermercado y un colegio.

Vivo en una ciudad.

¡Hola! ¿Qué tal? Soy Patricia. Vivo en la ciudad de Caracas, la capital de Venezuela.

En mi barrio hay muchas cosas: cines, un parque, una bolera, una piscina y un polideportivo.

Vivo en un pueblo en la costa.

¡Hola! Me llamo María. Vivo en un pueblo en la costa. Se llama Salou.

Hay un parque de atracciones cerca, playas bonitas, una estación y muchos restaurantes.

1 b 🔊 Escucha (1–10) y escribe el nombre de la persona.

Ejemplo: 1 Patricia.

1 c 📖 Escribe si las frases son verdad (V) o mentira (M).

Ejemplo: 1 V.

1. María vive en la costa.
2. Patricia vive en Colombia.
3. Hay mucho en la aldea de Susana.
4. Hay un polideportivo en Salou.
5. Hay una piscina y un parque en el barrio de Patricia.
6. Hay muchos restaurantes en Salou.
7. Susana vive en el sur de España.

En el pueblo • 4

2 a ¿Qué hay/no hay en tu pueblo? Haz dos listas.

En mi pueblo hay...	En mi pueblo no hay...
un parque	cine
una playa	bolera

2 b Compara con tu pareja.

Ejemplo:
- A ¿Qué hay en tu pueblo?
- B En mi pueblo hay un parque. ¿Y en tu pueblo?
- A No, no hay parque.

¿Qué hay en tu	pueblo?	ciudad?	aldea?	barrio?		
En mi	pueblo ciudad aldea barrio	hay	un	parque cine bar parque de atracciones restaurante supermercado polideportivo colegio		
			una	bolera piscina tienda estación playa		
No hay						

3 a Copia la carta y rellena los espacios.

Gramática: there is/there are – *hay*

Hay means both 'there is' and 'there are'.

– To say 'there isn't' or 'there aren't', simply put *No* in front of the verb:
No hay ...

– To make it into a question you simply add ¿...?

¿Hay ...? 'Is there ...?/Are there ...?'

¿No hay ...? 'Isn't there...?/Aren't there ...?'

– After *No hay*, remember to drop *un* or *una* before a noun.

3 b Escribe una carta sobre tu pueblo. Usa la carta en 3a como modelo.

4 ¡extra! ¡Así se hace! *Learning vocabulary*

To really know a word, you need to be able to do four things: **pronounce it, translate it, spell it and use it**.

- Look at the new words you have met on pages 34-35. Make as many sentences using these words as you can. Try to make them as varied as possible, using any other words or phrases you have learnt so far.

- As a further challenge, see how many words you can get into one sentence! Don't forget, you can use linking words like *y* (and) and *pero* (but) to make your sentences longer.

Ejemplo: Me llamo Paul y vivo en un pueblo en el norte de Inglaterra.

Pronunciación: *v* and *b*

The *v* and *b* sounds are interchangeable. At the start of a word, both sound like a firm 'b' (as in English) but they sound like a soft 'b' in the middle of a word.

Cross-topic words

hay – there is/there are

treinta y cinco

4B ¿Cómo es?

- learn how to be a good language detective
- describe what there is in your town or village
- learn how to use modifiers

en las montañas – *in the mountains*
el tráfico – *the traffic*
los turistas – *the tourists*
hoy – *today*

¡Bienvenidos a Asturias! Paraíso natural con campo, montaña y costa.

Escucha el silencio… El campo es <u>muy</u> tranquilo…

Hoy está <u>demasiado</u> ruidoso.

Y las montañas son <u>muy</u> tranquilas. No son turísticas.

Hoy están <u>demasiado</u> ruidosas.

En la costa hay muchos turistas. La costa no es tranquila.

Hoy está <u>demasiado</u> tranquila.

Hoy los pueblos no están tranquilos, están <u>muy</u> ruidosos con mucho tráfico.

¡Hay <u>demasiado</u> tráfico!

1 🔘 Escucha y lee.

¡Así se hace! *Be a good language detective!*

- Listen out for the endings of the words in exercise 1. In Spanish a lot of the meaning is contained at the end of words. You know that adjectives change depending on whether they are masculine or feminine, singular or plural. Concentrate on the nouns and adjectives. The adjectives are in red.

- Look again at the sentences and concentrate on the <u>underlined</u> words this time. These are called **modifiers** because they modify the meaning of adjectives or nouns.

bastante	quite
muy	very
demasiado	too

36 treinta y seis

En el pueblo • 4

Gramática: *ser* and *estar* – to be

Both these verbs mean 'to be'.

– **Ser** is used to describe permanent things:
 *El campo **es** tranquilo.* The countryside is quiet.

– **Estar** is used to describe temporary things and position:
 *Hoy el campo **está** ruidoso.*
 The countryside is noisy today.

- Tip: Learn how to say where you come from, e.g. *Soy de Inglaterra* (I am from England). Where you come from is a permanent thing so you use *ser*.

- Next time you need to use the verb 'to be', ask yourself: is it a permanent state, such as 'I am from England'? If not, use *estar*.

to be	ser	estar
I am	soy	estoy
you are	eres	estás
he/she/it is/you (formal) are	es	está
they/you (formal plural) are	son	están

2 a Lee y escribe un adjetivo para cada frase.

Ejemplo: 1 ruidoso

divertido  aburrido  grande  pequeño  ruidoso

tranquilo  bonito  feo  limpio  sucio

1 Hay muchos bares con música y demasiado tráfico.
2 Es muy industrial. No es bonito.
3 Hay un parque y no hay tráfico.
4 No hay cines, ni bares ni discotecas.
5 Es una ciudad inmensa. Hay un millón de habitantes. Hay muchas oficinas, tiendas y muchos pisos.
6 Hay un parque de atracciones, un polideportivo, una bolera y una piscina. Hay muchas cosas.

2 b Escucha (1–6) y escribe los adjetivos correctos.

Ejemplo: 1 aburrido

3 a Habla con tu pareja. **Cambia** las frases.

A ¿Cómo es tu pueblo?
B *Es grande y bastante bonito.*
A ¿Qué hay en tu pueblo?
B *Hay un colegio, una estación, una piscina y mucha industria.*

¡extra!
A ¿Dónde está?
B *Está en el campo.*

Mi pueblo es Es	bastante muy demasiado	bonito grande ruidoso industrial tranquilo sucio limpio
Hay	mucho tráfico mucha industria muchas tiendas muchos cines	

Contrarreloj

3 b Describe tu pueblo. ¿Cuántas frases puedes escribir en 5 minutos?

4C ¿Se puede...?

- say what there is to do where you live
- learn how to use a dictionary

1 🎧 Escucha (a–f) y lee. Une las frases y los dibujos.

Ejemplo: a 2

a No hay supermercados pero se puede comer bien.
b No hay bares pero se puede beber bien.
c Me encanta vivir en el campo. Se puede hacer muchas cosas.
d ¡Hola! En las montañas se puede hacer muchas cosas.
e No hay discotecas pero se puede bailar.
f No hay parque de atracciones pero mi amigo Pequeño Oso tiene una casa grande. Se puede ir a la piscina, ver una película y jugar en el parque.

Gramática: *se puede* (you can) + infinitive

- Look at the verbs that come after *se puede* above. What do they have in common?
  –ar, *–er* or *–ir* is the **infinitive** ending (corresponding to the 'to...' form in English).

  It is the form that you will find when you look up a Spanish verb in the dictionary.

–ar	–er	–ir
jugar – to play	beber – to drink	vivir – to live
visitar – to visit	comer – to eat	ir – to go
bailar – to dance	hacer – to do, to make	
	ver – to watch, to see	

2 ¡Así se hace!

- Make a list of ten verbs of things that you can do, e.g. 'play'. Look them up in the dictionary.

play *v* jugar ◀ *v* shows it is a verb

play *nf* juego ◀ *nf* shows it is a feminine noun

3 🎧 Escucha (1–5) y escribe las letras. Se puede...

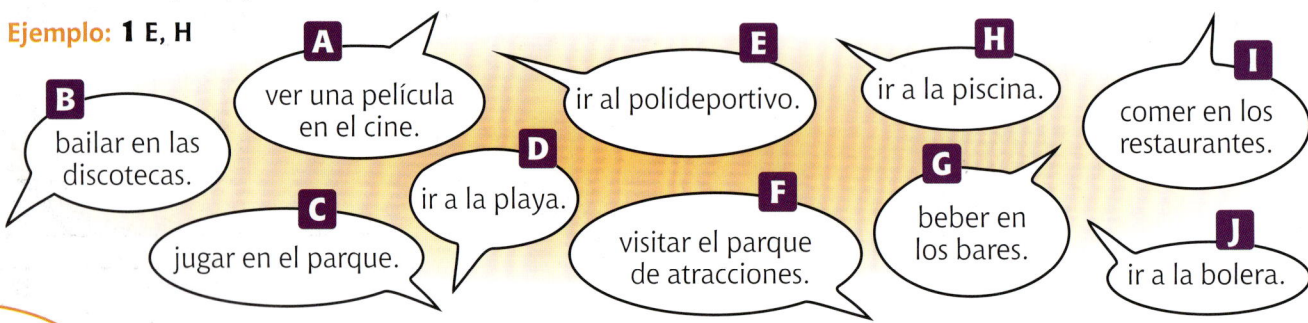

Ejemplo: 1 E, H

A ver una película en el cine.
B bailar en las discotecas.
C jugar en el parque.
D ir a la playa.
E ir al polideportivo.
F visitar el parque de atracciones.
G beber en los bares.
H ir a la piscina.
I comer en los restaurantes.
J ir a la bolera.

38 treinta y ocho

Gramática: *a + el/la/los/las* – to the

- Look at the following and try to come up with a rule.
  *Se puede ir **al** supermercado. Voy **a la** bolera.*
  *Voy **a las** tiendas. Se puede ir **a los** bares.*

- What happens to *el* when preceded by *a*?

4 Fill in the following gaps with the correct form of *al, a la, a los, a las*.

1. Se puede ir _____ colegio.
2. Se puede ir _____ playa.
3. Se puede ir _____ supermercado.
4. Se puede ir _____ piscina y _____ bolera.
5. Se puede ir _____ restaurantes _____ y _____ bares.
6. Se puede ir _____ tiendas.

5 Habla con tu pareja. Cambia las frases.

A ¿Qué se puede hacer en tu pueblo?
B Bueno, se puede visitar la montaña, ir al cine…
A ¿Se puede ir a la piscina?
B No, no se puede ir a la piscina. No hay piscina.

6 Mira el mapa y describe el pueblo.

Ejemplo: En Cullera se puede…

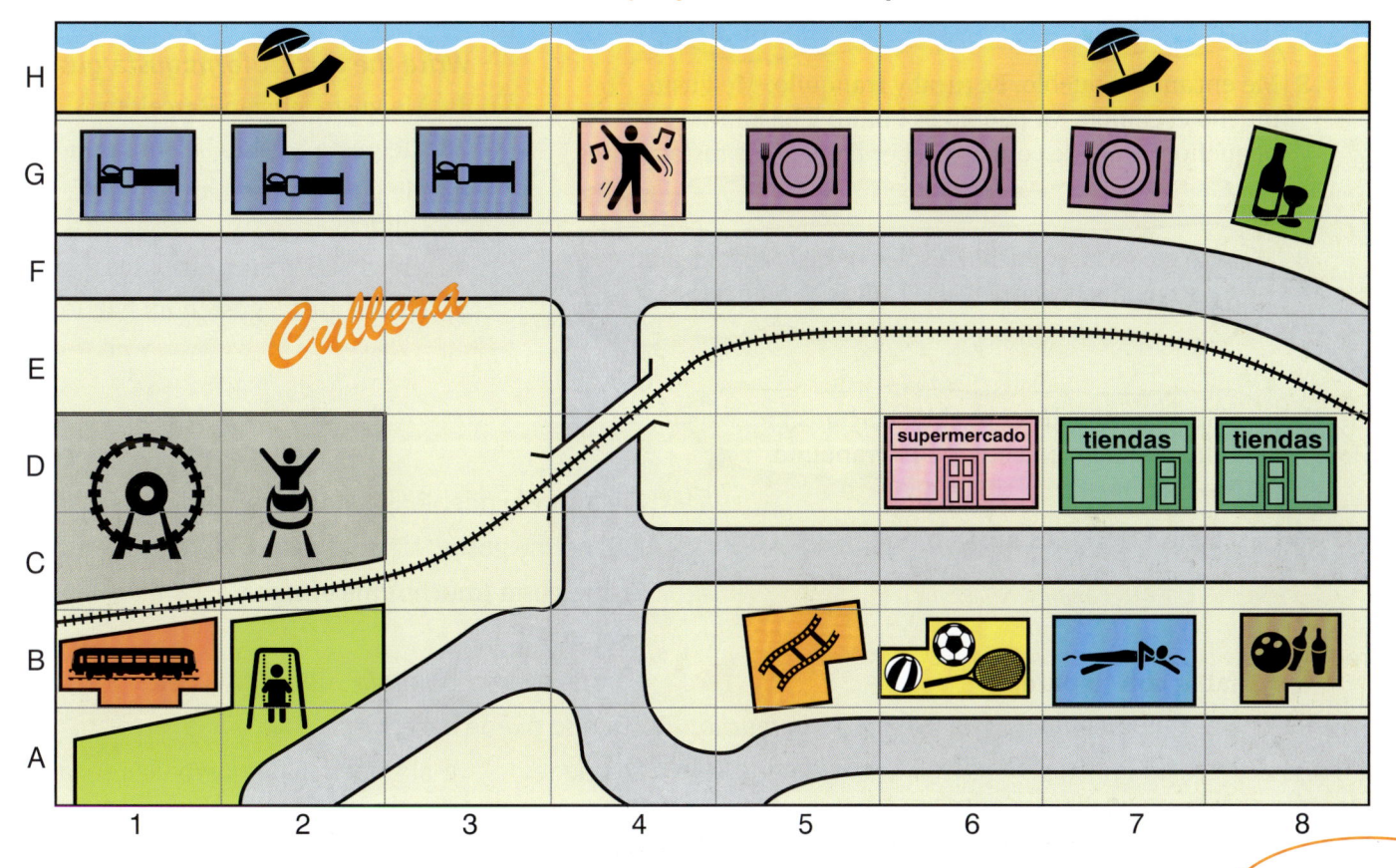

treinta y nueve 39

4D ¿Y tu opinión?

- Say what you like and what you don't like, and why

Me gusta ☺	Me gusta mucho ☺☺	Me encanta ☺☺☺
No me gusta ☹	No me gusta nada ☹☹	Odio ☹☹☹

1 💿 Escucha (1–5). ¿Les gusta ☺ o no ☹?

¡extra! ¿Por qué? – *Why?*

Porque – *Because*

	☺	☹	¡extra! ¿Por qué?
1	☺		
2			

2 📖 Lee las 5 descripciones de un pueblo. Pon las descripciones en orden (positivo – negativo).

1. Me gusta el pueblo. Es bastante divertido. Hay un cine y se puede ir a la bolera.

2. No me gusta. Odio el pueblo. Es muy aburrido. No hay polideportivo y está lejos de la capital.

3. Me encanta el pueblo. Es rural y tranquilo. Me gusta mucho el campo. Mi pueblo es bonito y bastante pequeño. Se puede comer y beber bien en los restaurantes.

4. No me gusta el pueblo. Está lejos de la costa y me gustan mucho las playas. Es un poco aburrido.

5. Me gusta mucho el pueblo. Hay un cine, una piscina y una bolera. Es tranquilo.

Gramática: *gustar*

Gustar means *to be pleasing (to)*; in other words, *to like*.

- Look at the following sentences and try to work out when you would use *gusta* and when you would use *gustan* and why.

If you want to say you don't like something, just put *no* at the beginning of the sentence: **No** *me gusta la ciudad.*

> *Me gusta la aldea.*
> *Me gustan los pueblos.*
> *Me gusta la ciudad.*
> *Me gustan las montañas.*

5 Write the correct form: gusta/gustan.

1. Me gusta/gustan Barcelona.
2. ¿Te gusta/gustan las montañas?
3. Me gusta/gustan los Estados Unidos.
4. ¿Te gusta/gustan las playas?
5. No me gusta/gustan mi barrio.

3 💿 Escucha (1–5). Les gusta o no?

Ejemplo: 1 ☺ ☺ ☺

4 💬 Habla con tu pareja.

A ¿Te gusta tu pueblo?   B Sí, me gusta mucho.
A ¿Por qué?   B Porque es bonito.
A ¿Qué se puede hacer?   B Se puede ir al cine…

¿Te gusta tu pueblo/ciudad/aldea/barrio?	
No, no me gusta/No, odio mi pueblo/ciudad, etc.	
Sí, me gusta (mucho)/me encanta	
¿Por qué?	
Porque es	bonito/a aburrido/a etc.
¿Qué se puede hacer?	
Se puede	ir al cine/ ir al parque/bailar en las discotecas…

Resumen

En el pueblo • 4

En tu pueblo
¿Qué hay en tu ...
  pueblo?
  aldea?
  ciudad?
En mi pueblo hay ...
  un cine
  un restaurante
  un polideportivo
  un supermercado
  un parque de atracciones
  un colegio
  una tienda
  una bolera
  una estación
  una playa
En mi pueblo hay mucho tráfico
En mi barrio no hay piscina

In your town
What is there in your ...
  town?
  village?
  city?
In my town there is ...
  a cinema
  a restaurant
  a sports centre
  a supermarket
  an amusement park
  a school
  a shop
  a bowling alley
  a station
  a beach
In my town there is a lot of traffic
In my area there is no swimming pool

Está tranquilo hoy
Es feo porque es muy industrial
Está ...
  en la costa
  en el campo
  en las montañas
  en el centro

It is quiet today
It is ugly because it is very industrial
It is ...
  on the coast
  in the country
  in the mountains
  in the centre

Actividades
Se puede ...
  ver una película
  bailar en la discoteca
  jugar en el parque
  ir a la bolera
  visitar el parque de atracciones
  comer en restaurantes
  beber en bares
  ir al polideportivo

Activities
You can ...
  see a film
  dance in a disco
  play in the park
  go to the bowling alley
  visit the amusement park

  eat in restaurants
  drink in bars
  go to the sports centre

¿Cómo es tu pueblo?
Es bastante, muy, demasiado...
  bonito
  inmenso
  divertido
  grande
  pequeño
  limpio
  sucio
  rural

What is your town like?
It is quite, very, too...
  pretty
  enormous
  entertaining
  big
  small
  clean
  dirty
  rural

Opiniones
Me encanta el pueblo porque es muy bonito
Me gusta (mucho) la aldea porque está en el campo
No me gusta la ciudad porque es ruidosa
Odio el pueblo porque es aburrido

Opinions
I like the town because it is very attractive
I like the village (a lot) because it is in the country
I don't like the city because it is noisy
I hate the town because it is boring

Gramática

hay = There is/There are   **No Hay** = There isn't/There aren't

ser and **estar** = to be
– Ser is used for permanent things: *Soy de Inglaterra.*
– Estar is used for temporary things or location:
   Está tranquilo hoy. Está en la costa.

se puede + infinitive = you can + infinitive.
Se puede ir al cine. You can go to the cinema.

a + el/la/las/los = to the:
Voy al supermercado but Voy a la tienda.

gusta/gustan
Me gusta Barcelona. I like Barcelona.
Me gustan las montañas. I like the mountains.

¡Así se hace!
★ Learning vocabulary
★ Identifying nouns, adjectives and modifiers
★ Looking up verbs in the dictionary
★ Pronunciation: v and b

Cross-topic
hay – there is/
muy – very
bastante – quite
demasiado – too
porque – because

Repaso

Unidades 3 y 4

¿Problemas? Mira las páginas 33 y 41.

1 Escucha (1–4) e identifica un error o dos en las descripciones.

2 Escribe los números. (Hay once números.)

Cincuentaydossesentaytresnoventaynueveveinteintaycuatroveintinueveveciensetentayseiscincuentasesentaycuatrounodieciséis

Ejemplo: 52 ...

3 Write the sentences in the singular.

Ejemplo: Tengo dos ratones. > Tengo un ratón.

1. Mis primos son muy bonitos.
2. Mis abuelos tienen ochenta años.
3. Tengo dos serpientes.
4. Me gustan los gatos negros.
5. Mis tíos son viejos.
6. Los restaurantes son limpios y muy tranquilos.

4 Copy the sentences and select the correct form of gustar.

1. Me gusta/gustan mis hermanos.
2. Me gusta/gustan Madrid.
3. Me gusta/gustan los pueblos rurales.
4. Me gusta/gustan mi hermanastra.
5. Me gusta/gustan mi barrio.

5 Escribe 3 frases sobre tu familia y 3 frases sobre tu pueblo. Usa los adjetivos del cuadro.

Ejemplo:
Mis padres son callados.
Mi pueblo es pequeño.

alto	bajo	rural	ruidoso	antipático
hablador	bonito	tranquilo	grande	
gordito	pequeño	feo	divertido	
limpio	turístico	inmenso	simpático	
viejo	joven	delgado	callado	

Board game

1	Salida
2	
3	Tienes los ojos azules: retrocede dos casillas.
4	
5	Hay un parque de atracciones en tu pueblo: avanza tres casillas.
6	
7	Hay un supermercado en un pueblo: retrocede dos casillas.
8	
9	Eres muy simpático/a: avanza a la casilla 14.
10	
11	Tienes dos hermanos: avanza una casilla.
12	
13	Tienes el pelo liso y negro: avanza una casilla.
14	
15	Hay una bolera en tu pueblo: avanza cuatro casillas.
16	
17	Tienes los ojos verdes: avanza cinco casillas.
18	
19	Te llamas Miguel: ve a la llegada.
20	
21	Eres antipático/a: vuelve a la salida.
22	
23	Tienes pecas: retrocede dos casillas.
24	
25	
26	
27	Eres hijo/a único/a: avanza una casilla.
28	
29	Te llamas Brooklyn: vuelve a la casilla no 2.
30	
31	Tienes un hermano: retrocede cinco casillas.
32	
33	Hay una playa en tu pueblo: avanza una casilla.
34	
35	Tienes el pelo rubio: retrocede diez casillas.
36	Llegada

En turnos tira el dado y mueve según las instrucciones.
In turns, throw the die and follow the instructions.

→ Avanza – *go forward*
← Retrocede – *go back*

◂◂ Resumen p. 33 y p.41

cuarenta y tres

5 En casa

5A ¿Dónde vives?

- say what type of housing you live in
- say how far a place is from something

1 Me llamo Andrés y vivo en **una casa** en un pueblo pequeño.

2 ¡Hola! Soy Anita. Vivo en **una casa adosada** cerca de la capital.

3 Me llamo Nuria. Vivo en **un chalet** en el campo.

4 Soy Nacho. Vivo en **un bloque de pisos** muy antiguo. Vivo en la primera planta.

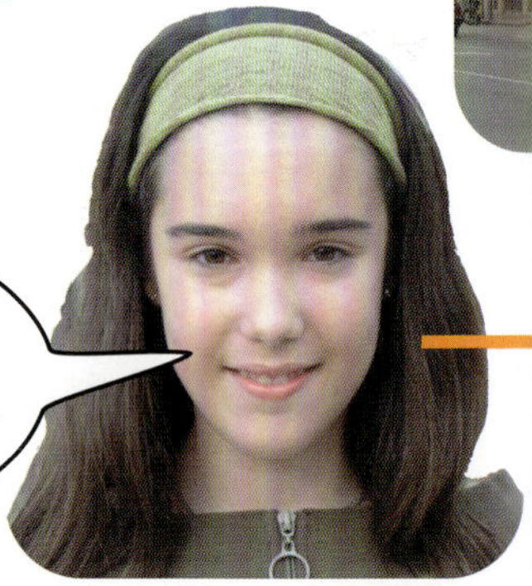

5 Me presento. Soy Bea. Vivo en **un piso moderno**. El piso está en la planta baja.

1 a Escucha (1–5) y lee.

1 b Escucha (1–6). ¿Dónde viven?

Ejemplo: en un piso (moderno)

2 Habla con tu pareja. **Cambia** las palabras.

- **A** ¿Dónde vives?
- **B** *Vivo en una casa en Manchester.*
- **A** ¿Está cerca del instituto?
- **B** *Sí, está a tres kilómetros.*

Gramática: *de + el/la/los/las* – from the

del	de los
de la	de las

Note that *de + el* is shortened to *del*. The two 'e's have come together to make it easier to say, just like *a + el = al*.

¡nuevo!

¿Dónde está?

Está cerca

lejos

a 3 kilómetros

a 10 minutos en autobús

a 10 minutos en coche

a 30 minutos andando

44   cuarenta y cuatro

En casa • 5

3 a 📖 **Mira el plano. ¿Dónde está? Escribe la letra (a–d).**

Ejemplo: 1 c

1. ¡Hola! Soy Miguel. Mi casa está cerca del centro a dos minutos de las tiendas y a tres kilómetros de la playa.
2. El piso de mi hermana está bastante lejos de la estación, cerca de la piscina.
3. La casa de mis abuelos está a diez minutos en autobús. Está cerca de los cines.
4. El chalet de mis tíos está lejos del instituto pero está cerca del parque.

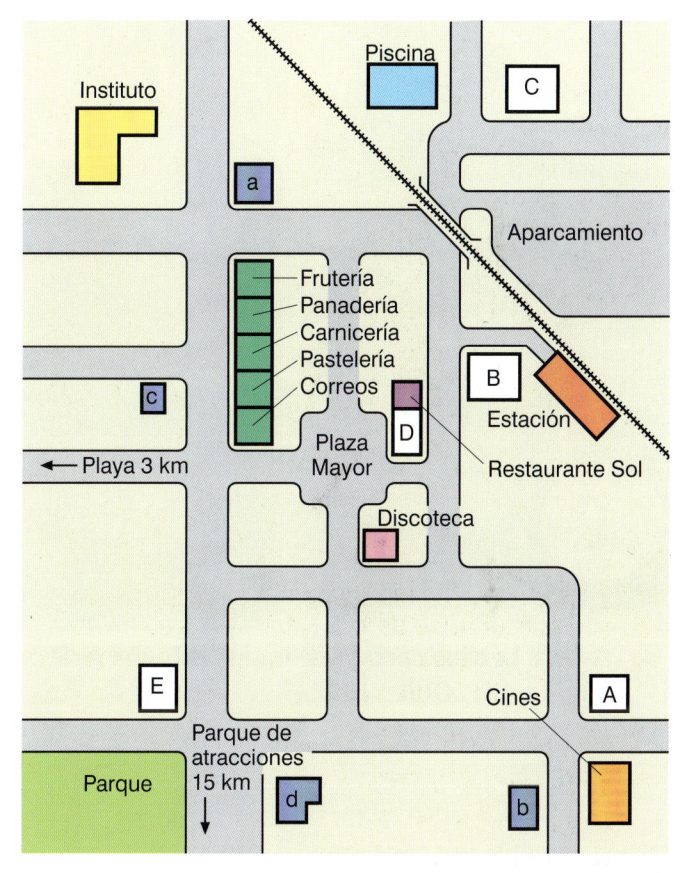

3 b 💿 **¡extra!** Escucha (1–5) y escribe la letra correcta (A–E), según el plano.

Ejemplo: 1 D

3 c 💬 **Habla con tu pareja sobre el plano. Cambia las palabras.**

Ejemplo:

A ¿Dónde está la casa de Miguel?
B Está cerca del centro.
A ¿A qué distancia está la casa de Miguel de la playa?
B Está a 3 kilómetros.

4 ✏️ **¿Dónde está tu casa? Escribe unas frases.**

Ejemplo: Vivo en York. Vivo lejos del centro. Vivo cerca de las tiendas…

¿Dónde está	la casa de Miguel? el chalet de los tíos de Miguel? la casa de los abuelos de Miguel?			
Está	bastante demasiado muy	lejos cerca	del de la de los de las	cine tiendas etc.
¿A qué distancia está		la casa de Miguel la discoteca, etc.		del instituto? de la estación? etc.
Está a	(3) kilómetros etc. (3) minutos			

cuarenta y cinco **45**

5B ¿Qué hay en tu casa?

- name rooms in the house
- learn how to say 'my parents' room'
- work out the meaning of new words

¡nuevo! a la izquierda   a la derecha

1 Escucha y lee.

- ¡Hola! ¡Bienvenido! ¡Pasa, pasa!
- Aquí están el salón y el comedor.
- Y por aquí a la izquierda, la cocina.
- Y por aquí a la derecha, está el cuarto de baño.
- Aquí está tu dormitorio.
- ¡Muy bien!
- …y el aseo.
- Hay una terraza y un jardín.
- Hay un garaje también.
- Está muy bien, gracias.

2 a Lee las cartas y mira los dibujos A–D en la página 47. ¿Quién habla?

Ejemplo: 1 c

1 Somos cinco en mi familia: mi padre, mi madre y mis dos hermanas. La casa tiene tres dormitorios: a la derecha el dormitorio grande de mis padres, a la izquierda el dormitorio de mis hermanas y mi dormitorio. Mi dormitorio es el más pequeño. Abajo, están la entrada, la cocina, el salón-comedor, el cuarto de baño y el aseo. No hay ni garaje ni jardín pero hay una terraza.

Conchita

2 Vivo en una casa de dos plantas. Somos cuatro en mi familia: mi madre, mi padre, mi hermano y yo. Abajo está la entrada, y hay una cocina, un comedor y un salón. Hay también un garaje y un patio. Arriba hay tres dormitorios dobles y, a la izquierda, dos cuartos de baño y un aseo. El dormitorio de mis padres es más grande que los dormitorios de mi hermano y el mío, pero es menos bonito.

Sarah

3 ¡Hola! Vivo con mi madre en un piso cerca del instituto. Hay dos dormitorios. Hay una entrada, una cocina-comedor, un salón y un cuarto de baño. Es muy pequeño pero me gusta.

Jorge

En casa • 5

2 b Mira los planos a–d y las cartas en la página 46. ¿Quién habla?

Ejemplo: **a** Jorge.

2 c ¿Quién es?

Ejemplo: **1** Jorge.

1. Vivo en un piso.
2. Hay tres dormitorios dobles.
3. Hay dos cuartos de baño.
4. No hay ni garaje ni jardín.
5. Hay cinco personas en la familia.
6. Mi dormitorio es pequeño.
7. Hay un garaje.

2 d ¡extra! Escribe unas frases sobre la foto y el plan que sobran.

> **Gramática:** *de* = **of**
> In English you say 'my parents' bedroom' but in Spanish you say *el dormitorio **de** mis padres* (literally: the bedroom **of** my parents).

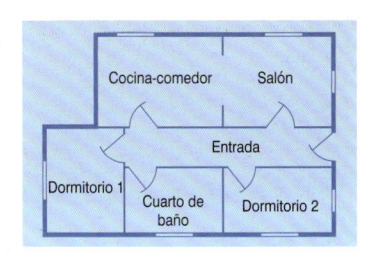

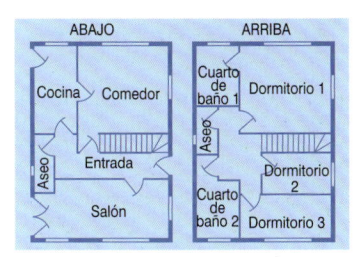

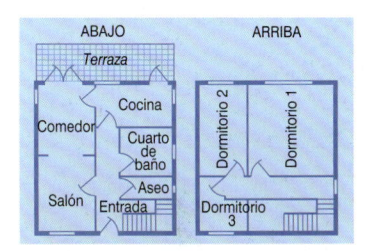

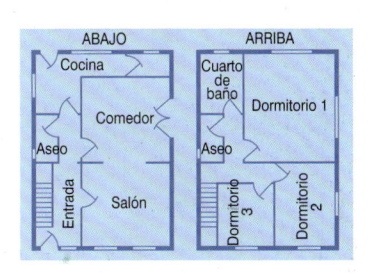

3 a ¡Así se hace! *Working out the meaning of new words*

> Se vende amplia casa en Gijón, totalmente restaurada, de dos plantas, tres dormitorios dobles, cocina, salón, comedor, dos cuartos de baño, con garaje de 35m², zona tranquila, calefacción central, aire acondicionado, terrazas con sol todo el día, impresionantes vistas panorámicas al mar, piscina con jacuzzi. Visita nuestras páginas en http://www.casas 300.000€ negociables.

This advert looks quite difficult at first. There are words you have not met before. You will learn various ways of working out the meaning of words you do not know. The two most important things to look out for are:

1) any similarity with words in English
2) the context – what sort of words do you expect to meet?

- Now see how much you can understand and for each new word you can work out, ask yourself how you managed to do this.

- Do the following:
  – List the words you know.
  – Pick out all the words that are similar to English.
  – List the words you expected to meet.
  – Look up words you don't know in a dictionary.

3 b ¡extra! *Pick out the words that can be used in an advert and create an advert for your own house.*

Ejemplo: Se vende amplia casa en Doncaster…

4 Describe tu casa.

Ejemplo: Vivo en … En mi … hay …

cuarenta y siete **47**

5C Los muebles

- say what furniture there is in your home; say where things are
- practise learning new vocabulary
- learn how to pronounce z

1 a ¡Así se hace! Learning new vocabulary

- Try to learn the first line of the grid and then cover it up. Then go on to the next line and do the same.
- Linking ideas will help you to remember. Think of a sofa up on its end looking like the number 1, or a 2 on a TV screen; a reading lamp in the shape of a 3; or 6 chairs around a dining table.

- List the words that you are finding difficult to remember. Try the following sequence to help you to remember them:

  LOOK   COVER   WRITE   CHECK

- Once you are sure that you know the word, cross it off your list so you only concentrate on the ones that are really difficult.

el sofá **1**	la televisión **2**	la lámpara **3**	los sillones **4**
la mesa **5**	las sillas **6**	la lavadora **7**	la ducha **8**
la cama **9**	el armario **10**	el equipo de música **11**	el teléfono **12**
el lavaplatos **13**	la nevera **14**	la cocina de gas **15**	el ordenador **16**

1 b Escucha (1–4). Escribe el número de los muebles mencionados.

Ejemplo: **1** 2, 11…

2 Habla con tu pareja.

A ¿Qué hay en tu cocina?
B Hay una lavadora.

En casa • 5

3 a 📖 Mira el dibujo y traduce las frases.

Ejemplo: **1** The cat is under the bed.

1. El gato está debajo de la cama.
2. La lámpara está encima de la mesa.
3. El ordenador está delante de los libros.
4. El estuche está detrás del cuaderno.
5. El CD está debajo de la cama.
6. El equipo musical está al lado de la televisión.

3 b 📖 Pon las frases en el orden correcto.

Ejemplo: El gato está debajo de la cama.

1. El está de cama debajo la gato
2. está El encima de cama teléfono la
3. La está regla del armario debajo
4. armario La mochila en el está
5. bolígrafo El al del teléfono lado está

4 💿 Escucha (1–6) y escribe el objeto y dónde está.

Ejemplo: Libro de español – en la cocina encima de la mesa.

🗣️ Pronunciación: z

- 💿 You have already come across plenty of words with a z in them: *plaza*, *terraza*, *izquierda*, *diez*, *lápiz*, *pizarra*. What sound is the closest in English?
- Try this tongue-twister to practise the sound. *En Zaragoza se ve la terraza a la izquierda desde la plaza.*

Gramática: prepositions + *de*

encima de   delante de   detrás de

al lado de   debajo de

5 ✏️ Describe dónde están unas cosas.

Ejemplo: **1** El libro está en la mesa en el comedor.

cuarenta y nueve **49**

5D ¿Qué opinas tú?

- say what is good or bad about a place
- revise *ser* and *estar* (to be)

1 Me gusta mucho la casa. Es grande y lo bueno es que está cerca de las casas de mis amigos.

2 Me gusta bastante. Es una casa adosada en una zona nueva. Lo malo es que es pequeña y moderna. Yo prefiero las casas antiguas.

3 No me gusta mucho. Está lejos del centro y muy lejos del instituto. La casa es bonita y cómoda pero lo malo es que es muy tranquila.

4 Me encanta el piso. Está en el centro de la ciudad. Está cerca de las tiendas y lo bueno es que está cerca de los cines y bares.

5 Mi casa está en el campo. Lo bueno es que es bonita y tranquila. A mi madre le gusta mucho pero a mí no me gusta mucho. Prefiero la ciudad.

6 Vivo en la costa. Es muy turístico en julio y agosto. Lo bueno es que hay mucho que hacer. Me gustan la playa y el mar.

¡Así se hace! lo + *adjective*

To say 'the good thing or the bad thing about …' use *lo* + adjective.

- What would the following mean?

    lo interesante, lo difícil, lo aburrido

1 📖 Lee las opiniones. Escribe una cosa buena (*lo bueno*) o una cosa mala (*lo malo*) sobre las casas en inglés.

Ejemplo: 1 near friends' houses (*lo bueno*)

2 a 💿 Escucha (1–5) y rellena el cuadro.

2 b 💿 ¡extra! Escucha otra vez y escribe por qué.

	¿Vives en una casa o un piso?	¿Cómo es?	Tres detalles	¿Te gusta o no?	¡extra! ¿Por qué?
1	*casa*	*bastante grande*	*3 dormitorios, cocina-comedor y salón*	✓	*cerca del centro, muchos autobuses*
2					

3 💬 Habla con tu pareja. **Cambia** las palabras.

- **A** ¿Dónde vives?
- **B** *Vivo en un piso*.
- **A** ¿Cómo es tu piso?
- **B** *Es muy grande*.
- **A** ¿Dónde está?
- **B** *Está cerca del centro*.
- **A** ¿Te gusta o no?
- **B** *Sí, me gusta*.
- **A** ¿Por qué?
- **B** *Porque está cerca de las tiendas*.

Vivo en	un piso	un chalet	una casa	
Es	muy bastante	grande tranquilo/a	pequeño/a moderno/a	bonito/a
Está	en	el campo	el centro	la ciudad…
	cerca	lejos	del/de la/de los/de las	centro/ tiendas/cine

4 ✏️ Contrarreloj Describe tu casa/piso en 60 segundos (o más). Usa palabras importantes como:

- *pero* – but
- *y* – and
- *muy* – very
- *porque* – because
- *también* – also

Resumen

En casa • 5

¿Dónde vives?	Where do you live?
Vivo en …	I live in/on …
una casa	a house
un piso moderno	a modern flat
una casa adosada	a semi-detached house
un bloque de pisos antiguo	an old block of flats
un chalet	a detached house
la primera planta	the first floor
la planta baja	the ground floor

¿Dónde está?	Where is it?
Está cerca de …	It is near to …
lejos de …	far from …
¿A qué distancia está?	How far is it?
Está …	It is …
a diez minutos andando	ten minutes away on foot
a cinco kilómetros	five kilometres away
a cinco minutos en autobús	ten minutes away by bus

¿Qué hay en tu casa?	What is there in your house?
la cocina	kitchen
el comedor	dining room
el cuarto de baño	bathroom
el dormitorio	bedroom
el dormitorio doble	double bedroom
el salón	lounge
la terraza	terrace
el jardín	garden
el garaje	garage

Los muebles	Furniture
el sofá	sofa
los sillones	armchairs
la mesa	table
la cama	bed
el lavaplatos	dishwasher
la televisión	TV
las sillas	chairs
el armario	wardrobe
la nevera	fridge
la lámpara	lamp
la lavadora	washing machine
el equipo musical	music centre
la cocina de gas	gas cooker
la ducha	shower
el teléfono	telephone
el ordenador	computer
El gato está debajo de la cama	The cat is under the bed

Adjetivos	Adjectives
grande	large
pequeño/a	small
bonito/a	pretty
cómodo/a	comfortable

Gramática:

estar a + distance/time = to be … away

de + *el/la/los/las* = from the
de + *el* = *del*

de = of: *la casa **de** mis tíos*
(my aunt and uncle's house)

Prepositions + *de*

encima de (on), *delante de* (in front of), *detrás de* (behind), *al lado de* (next to), *debajo de* (under)

Revision of *ser* – to be (permanent things) and *estar* – to be (location)

¡Así se hace!

★ Understanding new words by using context and recognising words that are similar to English.

★ Learning new vocabulary by drawing pictures and testing yourself (and partner) to remember language in context.

★ *lo malo, lo bueno es que …* = the bad thing, the good thing is that…

★ Pronunciation: *z*

6 Tiempo libre

6A ¿Qué te gusta hacer en tu tiempo libre?

- say what free time activities you like and do not like doing
- read out loud; practise intonation in questions

1 Me gusta jugar al fútbol.

2 Me gusta mucho practicar la natación.

3 Me gusta salir con amigos.

4 Me encanta salir de compras.

5 Me gusta mucho ir al cine.

6 Me encanta jugar al tenis.

7 Me gusta tocar el piano.

8 Me encanta escuchar música.

9 Me gusta mucho navegar por Internet.

10 Me gusta ver la tele.

11 Me encanta ir al centro.

12 No me gusta hacer los deberes.

1 a ¡Así se hace! *Reading out loud*

- To improve your pronunciation, practise reading the sentences above out loud. Your partner can listen to you and help you with the sounds you find difficult.
- Reading aloud can also help with understanding. Read the sentences again. Using what you know in English, can you guess what activities the young people are talking about?
- Look at the Resumen on page 61 to see how many you guessed correctly.

1 b 💿 ¿Qué les gusta hacer? Escucha (1–12) y une las frases con los dibujos.

Ejemplo: **1** a

2 a 💿 Escucha (1–8). ¿Les gusta 🙂, les gusta mucho 🙂🙂, o les encanta 🙂🙂🙂?

Ejemplo: **1** 🙂🙂🙂

¡extra! Escucha otra vez. ¿Qué actividades les gustan mucho?

escuchar música

Gramática: *gustar/encantar* + infinitive

Gustar and *encantar* can be used either with a noun or a verb in the infinitive.

Me gusta jugar al fútbol.
I like playing football.

Me gusta el fútbol.
I like football.

I	**me** gusta	**me** encanta
you	**te** gusta	**te** encanta
he/she/it/ you (formal)	**le** gusta	**le** encanta

◀◀ p.40

Tiempo libre • 6

3 🗨 **Habla con tu pareja.**

A ¿Qué te gusta hacer?

B *Me gusta jugar al fútbol y me encanta ver la tele, pero no me gusta practicar la natación.*

¡Así se hace! **Linking words**

Try to make longer sentences by using linking words like *y* and *pero*.

4 a 📖 **Lee el correo electrónico. Elige la respuesta correcta.**

1 En España un deporte popular es
  a el fútbol
  b el hockey
  c el rugby

2 La opinión de Paco sobre el baloncesto es que
  a le gusta
  b le encanta
  c le gusta bastante

3 Paco es bueno al baloncesto porque
  a es alto y rápido
  b es muy inteligente
  c es pequeño y ágil

4 La opinión de Paco sobre el voleibol es que
  a le gusta bastante
  b no está mal
  c no le gusta

5 En España no se practica
  a ni el hockey ni el rugby
  b la gimnasia
  c el ciclismo

otro – *another*
a veces – *sometimes*
ni… ni – *neither… nor*
nadie – *no one*

¡Hola!

¿Qué tal? En España, un deporte muy popular es el fútbol. Todos mis amigos juegan al fútbol en educación física y durante los recreos. Otro deporte popular es el baloncesto. ¿Te gusta el baloncesto? A mí me encanta, y soy muy bueno, porque soy muy alto y rápido.

En los colegios españoles, los estudiantes juegan a veces al voleibol, pero no me gusta. Normalmente en España no se practica ni el hockey ni el rugby. Y el netball… ¡ni idea! Nadie juega al netball en España.

¿Qué deportes te gustan hacer?

Paco

4 b ✏️ **¡extra!** Contesta al correo electrónico de Paco. Escribe qué deportes practicas, y tu opinión.

5 a ¡Así se hace! **Intonation in questions**

In Spanish, you can tell from the intonation whether you are being asked a question; the order of words does not usually change.

● 💿 Listen (1–8) and write whether you hear a question (¿?) or not (¡!).

5 b 🗨 **Mira el ejercicio 1a. Habla con tu pareja.**

Ejemplo:

A Peter, ¿te gusta escuchar música?

B *No, no me gusta.*

5 c ✏️ **¡extra!** Write about your partner's likes and dislikes.

Ejemplo: **No le gusta escuchar música.**

6B ¿Qué prefieres hacer en tu tiempo libre?

- give reasons for liking or not liking something
- learn how to guess the meaning of new words from the context

1 🎧 **Escucha (1–8) y lee.**

1. Me gusta jugar al tenis porque **es divertido**. 
2. No me gusta practicar la natación porque **es aburrido**. 
3. Me encanta ir al cine porque **es emocionante**. 
4. Me gusta ir al centro porque **es barato**. 
5. Me gusta mucho ir de compras, pero **es caro**. 
6. Me gusta navegar por Internet porque **es educativo**. 
7. Me gusta salir con amigos porque **es genial**. 
8. No me gusta tocar el piano porque **es un rollo**.

2 a 🎧 **Escucha (1–6). Escribe las actividades y las opiniones.**

Ejemplo: 1 María: ir de compras, aburrido

2 b 🎧 **¡extra! Escucha otra vez. ¿Cómo se dice en español:**
because/very/my favourite pastime/a little

¡Así se hace! *expressing opinions*

You have already encountered some ways of expressing your opinion:

Me gusta 🙂
Me gusta mucho 🙂🙂
Me encanta 🙂🙂🙂
No me gusta ☹
No me gusta nada ☹☹
Odio ☹☹☹

You can also express your opinion in other ways:

Prefiero ir al cine. — **I prefer** going to the cinema.

Pienso que jugar al fútbol es aburrido. — **I think that** playing football is boring.

Creo que practicar la natación es interesante. — **I believe that** doing swimming is interesting.

En mi opinión escuchar música es genial. — **In my opinion** listening to music is great.

In all these phrases the Spanish use the infinitive (–ar, –ir, –er forms of the verb) meaning 'to do' something, whereas in English we use the gerund ('–ing').

cincuenta y cuatro

Tiempo libre • 6

3 💬 **Habla con tu pareja. Da tus opiniones.**

Ejemplo: 1 Me encanta tocar el piano porque es divertido.

4 a 📖 **¡Así se hace!**

You should know enough Spanish by now to be able to guess the meaning of words from the context they appear in.

- Look at the pictures. What do *en primavera, en verano, en otoño* and *en invierno* mean?

4 b ✏️ **¿Y tú? ¿Qué te gusta hacer en primavera, verano, otoño e invierno? Usa las siguientes frases:**

En primavera me gusta…
no me gusta…   prefiero…

1 En primavera, me gusta jugar al fútbol o al tenis.

2 En verano, prefiero practicar la natación o ir al centro.

3 En otoño, me gusta mucho ir al cine o escuchar música.

4 En invierno, ¡me gusta ver la tele!

cincuenta y cinco **55**

6C Mi semana

- say when and where you do activities
- learn how to say 'on Monday'/'on Mondays'
- use the present tense of stem-changing and irregular verbs

	Actividad	Hora
lunes		Hago los deberes
	5.00	
martes	4.00	1.00–8.00
miércoles	Salgo con mis amigos	Voy de compras
jueves		Juego al tenis
	8.00	5.00
viernes	Voy al centro	4.00
sábado	9.00	
domingo		Voy al cine
	Navego por Internet	

1 a 🔊 Mira la rutina semanal de María. El perro ha roto la agenda. Escucha (1–7) y pon en orden.

1 b 🔊 ¡extra! Escribe otra información.

Ejemplo: 1 con mi madre

¡Así se hace! Telling the time

1 c 🔊 Listen again. How did María express the times? What did she say before the numbers?

Ejemplo: 1 a las cinco.

Clock labels: a las once, a las doce, a la una, a las diez, a las dos, a las nueve, a las tres, a las ocho, a las cuatro, a las siete, a las seis, a las cinco

2 a ✏️ Escribe tu diario.

lunes

2 b 💬 Habla con tu pareja. Di lo que hace cada día.

A: ¿Qué haces los lunes?
B: Los lunes veo la tele.
A: ¿A qué hora?
B: A las ocho.

Gramática: on Monday, on Mondays

– When talking about what is happening on a specific day of the week (e.g. on Monday), put **el** in front of the day.

El lunes voy de compras.
On Monday I am going shopping.

– When talking about what happens regularly on a certain day of the week, use **los**.

Los lunes voy al colegio.
On Mondays I go to school.

Tiempo libre • 6

Gramática: the present tense

The present tense in Spanish indicates what usually happens, or what is happening now.

There are three categories of verbs in Spanish:

1. **Regular verbs ending in** –ar, –er, –ir
   e.g. *navegar, practicar.* ◂◂ página 22
2. **Stem-changing verbs**, e.g. *jugar*: these verbs change their stem in all persons in the singular and in the third person plural:

   u>ue: jugar (to play)

I	*juego*
you	*juegas*
he/she/it/you (formal)	*juega*
we	*jugamos*
you	*jugáis*
they/you (formal plural)	*juegan*

3. **Irregular verbs**, e.g. *hago* (from *hacer*, to do) and *salgo* (from *salir*, to go out)

	hacer (to do)	salir (to go out)
I	hago	salgo
you	haces	sales
he/she/it/you (formal)	hace	sale
we	hacemos	salimos
you	hacéis	salís
they/you (formal plural)	hacen	salen

3 📖 **Rellena los espacios en blanco.**

1. Los lunes mi hermana _____ al tenis.
2. ¿Cuándo _____ los deberes? A las siete.
3. ¿_____ al fútbol? No, prefiero el tenis.
4. Pablo y Andrés _____ al fútbol en el colegio.
5. Yo _____ el sábado con mis amigas. Vamos al cine.
6. Mi amigo _____ al voleibol los martes pero no le gusta nada.

4 a ✏️ **Rellena el diario. ¿Qué haces y a qué hora? Usa los dibujos. Añade información si puedes.**

Ejemplo:

Día	Actividad	¿Con quién?	¿Dónde?	¿A qué hora?
Los lunes	navego por Internet	con mis amigos	en mi dormitorio	a las siete

¡Así se hace! *Using language you already know*

Always remember to use vocabulary from other topics. For example, you could say what room of the house you do activities in ◂◂ página 46, or what place in town ◂◂ página 34.

4 b 💬 **Habla con tu pareja.**

Ejemplo: **A** ¿Qué haces los lunes?
B *Los lunes voy al colegio a las ocho y media con mi hermana.*

4 c ✏️ **¡extra!** ¿Y tu pareja? ¿Qué hace?

Ejemplo: **Los lunes, mi pareja navega por Internet con su hermano en su dormitorio a las siete.**

cincuenta y siete **57**

6D ¿Dónde nos encontramos?

- learn how to arrange to meet
- understand opening and closing times
- learn how to pronounce *t* and *d*

1
— Hola, María, ¿te apetece salir esta tarde?
— Sí, ¿qué quieres hacer?
— Podemos ir a la piscina.
— No, estoy muy cansada.

2
Horario, 9-3
— ¿Quieres jugar al tenis?
— No, el polideportivo cierra a las tres.

3
Horario, 5-12
— ¿A qué hora abre el cine?
— Abre a las cinco, creo.
— ¿Dónde nos encontramos?

1 Lee y une las frases.

Ejemplo: 1 e

1. La chica no quiere ir
2. La chica está
3. El polideportivo cierra
4. El polideportivo abre
5. El cine
6. Los chicos se encuentran
7. Los chicos se

a a las tres.
b a las nueve.
c muy cansada.
d en la puerta del cine.
e a la piscina.
f encuentran a las seis.
g abre a las cinco.

2 a Escucha (1–4). ¿Qué quieren hacer? ¿Dónde se encuentran y a qué hora? Copia y rellena el cuadro.

2 b ¡extra! Escucha otra vez. ¿Hay problemas?

	¿Actividad?	¿Dónde se encuentran?	¿Cuándo?	¡Extra! ¿Problemas?
1	jugar al fútbol	polideportivo, en la entrada	a las tres	

58 cincuenta y ocho

Tiempo libre • 6

En la puerta del cine a las seis.

Muy bien. ¡Hasta luego!

¡Adiós!

3 a 📖 **Lee el correo electrónico. Contesta a las preguntas en inglés.**

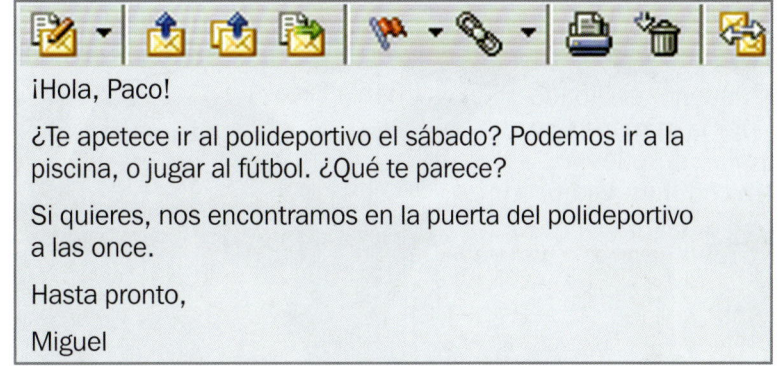

¡Hola, Paco!

¿Te apetece ir al polideportivo el sábado? Podemos ir a la piscina, o jugar al fútbol. ¿Qué te parece?

Si quieres, nos encontramos en la puerta del polideportivo a las once.

Hasta pronto,

Miguel

1. What activities does Miguel suggest? Where?
2. Where will they be meeting?
3. At what time will they be meeting, and on which day?

3 b ✏️ **¡extra!** Contesta al correo electrónico. Presenta un problema y sugiere un plan alternativo.

Ejemplo: El polideportivo cierra... Podemos...

4 💬 **Habla con tu pareja. Mira las posibilidades. Inventa conversaciones.**

A ¿Quieres jugar al fútbol?
B Sí. ¿Cuándo?
A Esta tarde.
B ¿A qué hora nos encontramos?
A A las siete.
B El parque cierra a las ocho.
A Entonces, a las cinco.
B Muy bien, ¿dónde nos encontramos?
A En mi casa.

¿Quieres...?
¿Te apetece...?
Podemos...

ir al cine
jugar al fútbol
ver la tele
salir al centro
ir de compras

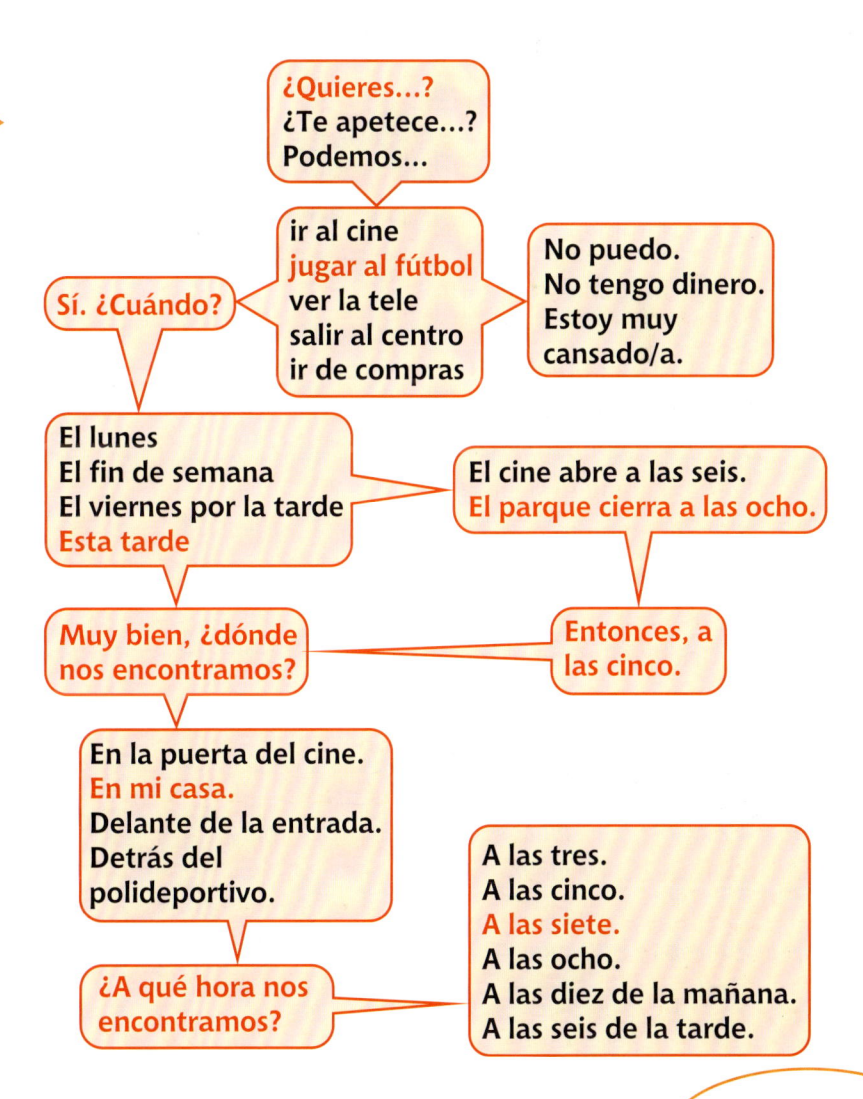

Sí. ¿Cuándo?

No puedo.
No tengo dinero.
Estoy muy cansado/a.

El lunes
El fin de semana
El viernes por la tarde
Esta tarde

El cine abre a las seis.
El parque cierra a las ocho.

Muy bien, ¿dónde nos encontramos?

Entonces, a las cinco.

En la puerta del cine.
En mi casa.
Delante de la entrada.
Detrás del polideportivo.

¿A qué hora nos encontramos?

A las tres.
A las cinco.
A las siete.
A las ocho.
A las diez de la mañana.
A las seis de la tarde.

🗣️ **Pronunciación:** *t, d*

The sounds *t* and *d* are much softer in Spanish than in English.

- 💿 Listen to and repeat these words, concentrating on *t* and *d*.

  polideportivo   tienes
  martes   tres
  tiendas   podemos

cincuenta y nueve **59**

6E Un fin de semana perfecto

- talk about plans for next weekend
- use *ir a* + infinitive

1 ¡Hola Paco!

2 ¡Hola, Sara!, ¿qué tal? ¿Qué vas a hacer el fin de semana?

3 Bueno, el sábado por la mañana voy a dormir y después voy a ir al centro con Inés. Vamos a ir de compras.

4 Y yo, por la mañana voy a jugar al fútbol en el polideportivo con mis amigos. Luego vamos a ir a la cafetería.

5 Mis padres van a ir al cine por la tarde, así que yo voy a ver la tele en mi casa. ¿Y tú? ¿Qué vas a hacer?

6 Creo que voy a hacer mis deberes, y después mi hermano y yo vamos a jugar al tenis.

7 ¿Y el domingo?

8 Voy a ir al centro por la mañana. Por la tarde Luís y yo vamos a ir al cine y después voy a ir a mi cama temprano.

9 Pues mi familia y yo vamos a ir a Madrid el domingo.

10 ¡Qué bien! Los dos vamos a tener un fin de semana perfecto.

11 Sí. ¡Estupendo!

1 a 🔊 Escucha y lee.

1 b 📖 Lee el texto. ¿Cómo se dicen las frases en español?

1. We are going to go shopping.
2. I am going to sleep.
3. I am going to play football.
4. We are going to go to the cafeteria.
5. We are going to play tennis.
6. They are going to go to the cinema.
7. We are going to go to Madrid.
8. What are you going to do?

Gramática: the immediate future

Voy	a jugar	I am going to play
Vas	a jugar	
Va	a jugar	
Vamos	a jugar	
Vais	a jugar	
Van	a jugar	

2 💬 Habla con tu pareja. Cambia las frases.

Ejemplo:
A ¿Qué vas a hacer *el lunes*?
B Voy *a practicar la natación*. ¿Y tú?
A Voy a navegar por Internet.

3 ✏️ Escribe en el diario tu fin de semana perfecto.

		Actividad	Detalles
sábado	por la mañana	voy a ir a la piscina	a las nueve, con mis amigos
	por la tarde		
	por la noche		
domingo	por la mañana		

⚙️ Cross-topic words

por la mañana – *in the morning*
por la tarde – *in the afternoon*
por la noche – *in the evening*

Resumen

Tiempo libre • 6

¿Qué te gusta hacer en tu tiempo libre?
Me gusta (mucho)…
Me encanta…
  jugar al fútbol/voleibol
  practicar la natación
  salir con amigos
  salir de compras
  ir al cine
  jugar al tenis
  tocar el piano
  escuchar música
  navegar por Internet
  ver la tele
  ir al centro
  hacer los deberes

What do you like to do in your free time?
I like… (a lot)
I love…
  to play football/volleyball
  to go swimming
  to go out with friends
  to go shopping
  to go to the cinema
  to play tennis
  to play the piano
  to listen to music
  to surf the net
  to watch TV
  to go into town
  to do homework

Tus opiniones
Creo/Pienso que…
En mi opinión…
  jugar al fútbol es…
    divertido/aburrido
    barato/caro
    emocionante/educativo
    genial/un rollo
  Prefiero ir al cine

Your opinions
I believe/think that…
In my opinion…
  playing football is…
    fun/boring
    cheap/expensive
    exciting/educational
    great/a pain
  I prefer going to the cinema

Las estaciones
en primavera/en verano
en otoño/en invierno

The seasons
in spring/in summer
in autumn/in winter

¿Qué haces?
Practico la natación
Juego al tenis

What do you do?
I go swimming
I play tennis

Navego por Internet
Salgo con mis amigos
Voy al cine
Hago los deberes
Voy al centro

I surf the net
I go out with my friends
I go to the cinema
I do my homework
I go to the city centre

¿A qué hora?
a la una
a las diez

At what time?
at 1 o'clock
at 10 o'clock

Invitaciones
¿Quieres ir al cine?
¿Te apetece ir de compras?
Podemos practicar la natación

Invitations
Do you want to go to the cinema?
Do you fancy going shopping?
We can go swimming

Problemas
No tengo dinero
Estoy cansado
El polideportivo cierra a las siete
El cine abre a las ocho

Problems
I don't have any money
I am tired
The sports centre closes at 7 o'clock
The cinema opens at 8 o'clock

¿Dónde nos encontramos?
en la puerta del cine
delante de la entrada

Where shall we meet?
at the door of the cinema
in front of the entrance

¿Cuándo nos encontramos?
el lunes
el fin de semana
el viernes por la tarde
esta tarde

When shall we meet?
on Monday
at the weekend
on Friday afternoon
this afternoon

Gramática

gustar/encantar + infinitive.

The immediate future tense:
Voy a jugar   I am going to play

Irregular verbs: *hacer* – to make/do
                 salir – to go out

Stem-changing verbs: **u>ue** *jugar* (to play)

Expressing opinion: *Creo que…*
Pienso que… Prefiero…
En mi opinión…

On days of the week:
el lunes   on Monday
los sábados   on Saturdays

¡Así se hace!

★ Reading out loud to practise pronunciation
★ Intonation in questions
★ Using linking words
★ Guessing new words from context
★ Pronunciation: t, d

Cross-topic words

con – *with* **por** – *through/by* **los fines de semana** – *(at) weekends* **por la mañana** – *in the morning* **por la tarde** – *in the afternoon* **por la noche** – *in the evening*

sesenta y uno

Repaso

Unidades 5 y 6

¿Problemas? Mira las páginas 51 y 61.

1 a Escucha (1–6). Une las personas con los dibujos.

1 María   3 Pepa   5 Carlos
2 Andrés   4 Ana   6 Belén

Ejemplo: **1** d

1 b ¡extra! Escribe otros detalles.

Ejemplo: **1** muy bonita, en el campo, cerca de un pueblo

2 Contesta a las siguientes preguntas.

Ejemplo: **1** Vivo en un chalet.

1 ¿Dónde vives?
2 ¿Cómo es tu casa?
3 ¿Dónde está tu casa?
4 ¿Qué hay en tu casa?
5 ¿Qué te gusta hacer en tu tiempo libre? ¿Por qué?
6 ¿Qué te gusta hacer en primavera/verano?
7 ¿Qué vas a hacer el sábado por la mañana?
8 ¿Dónde practicas la natación?

3 a Haz las preguntas en el ejercicio 2 a tu pareja. Anota sus respuestas.

3 b ¡extra! Presenta a tu pareja al resto de la clase.

4 Pilla al intruso.

Ejemplo: **1** natación

1 silla, armario, natación, cama
2 fútbol, casa, natación, tenis
3 casa, chalet, piso, cocina
4 pueblo, cerca, lejos, detrás
5 cocina, comedor, dormitorio, piso

A ¿Dónde vives?

B Vivo en una casa.

¡QUIERES SALIR CONMIGO!

— ¡Hola, Miguel!
— ¿Qué tal, Isabel?
— Muy bien.
— Oye, ¿tienes planes para mañana?
— Depende, ¿qué quieres hacer?
— ¿Te apetece ir a la piscina?
— ¡Ay, no! Estoy cansadísima.
— Bueno, entonces adiós.

— ¡Hola, Isabel!
— ¡Qué tal, Paco!
— Muy bien. Oye, si quieres, podemos ir al cine a ver una película.
— ¿Al cine? No, es muy caro y no tengo dinero.
— ¡Vale! Hasta luego.

— ¡Hola, Luís!
— ¡Hola! ¿Quieres venir a mi casa a ver la tele? Hay un programa muy interesante.
— ¿A tu casa? Lo siento, no puedo, tengo muchos deberes.
— Bueno, entonces otro día.
— Vale, adiós.

— ¡Hola, Eduardo! ¿No lo sabías? Isabel está cansadísima.
— Y tiene muchos deberes, tiene que ir a casa.
— Y además no tiene dinero para ir al cine.

— Eduardo, Isabel tiene que ir a casa, ¿Quieres jugar al fútbol con nosotros?
— Vale. ¡Adiós, Isabel!

5 📖 **Contesta a las preguntas en inglés.**
1. What does Miguel suggest?
2. What excuse does Isabel give him?
3. Where does Paco suggest going?
4. What excuse does she give him?
5. What does Luís suggest?
6. What excuse does Isabel give?
7. What do all the boys do in the end?

7 Tapas y bebidas

7A ¿Adónde vamos?

- say that you are hungry or thirsty
- choose a place to have a drink
- learn how to sound Spanish using speech fillers

> **Gramática: tener + nouns**
> **Tengo** normally means 'I have' but it is also used to express some feelings and states.
> | | |
> |---|---|
> | Tengo frío | I'm cold |
> | Tengo calor | I'm hot |
> | Tengo hambre | I'm hungry |
> | Tengo sed | I'm thirsty |
> | Tengo sueño | I'm sleepy |

1 🎧 Escucha (1–5). ¿Cuál es el dibujo?

Ejemplo: **1 B**

A **B** **C** **D** **E**

2 a 🎧 Escucha y lee.

Isa:	¡Hola, Fede!
Fede:	¿Qué tal, Isa?
Isa:	Mmm, muy bien. Oye, ¿te apetece tomar algo?
Fede:	Sí. ¿Qué quieres tomar: algo caliente o algo frío?
Isa:	Uf, tengo mucho calor. Prefiero tomar algo frío. ¿Te parece bien?
Fede:	Vale. Vamos a ver... ¿Quieres ir al bar de Manolo?
Isa:	No, es demasiado ruidoso.
Fede:	Bueno, entonces, si quieres, podemos ir a la cafetería Estrella.
Isa:	No, está bastante lejos. ¿Vamos a una heladería?
Fede:	Vale. ¿Qué heladerías te gustan?
Isa:	Mmmm, me gusta la heladería Maki, y además está muy cerca.
Fede:	Pues, es un poco cara, pero está bien. ¡Vamos!
Isa:	¡Muy bien!

2 b 📖 Lee la conversación otra vez y contesta a las preguntas.

1. ¿Cómo se llaman los chicos?
2. ¿Qué prefiere tomar Isa?
3. ¿Cuál es el problema con el bar de Manolo?
4. ¿Cuál es el problema con la cafetería Estrella?
5. ¿Cuál es la decisión final?
6. ¿Qué piensa Fede de la heladería Maki?

¿cuál? – which, what (one)

2 c ¡Así se hace! **Speech fillers** ▲

- Look at the dialogue again. Listen out for fillers: expressions or words you use when you are not sure what you are going to say next, or when you are trying to make a decision. In English, you might say 'well', or 'er'.

When you are talking in Spanish, it will sound more authentic if you use these fillers every now and then.

- Make a list of the fillers used in the text in 2a.

Tapas y bebidas • 7

3 💬 Mira los dibujos. Habla con tu pareja. Usa el cuadro.

Ejemplo:

A ¿Adónde vamos?
B ¿Vamos a una cafetería?
A Mmmm, no, es demasiado cara.
B Bueno, entonces vamos a un bar.
A Sí, muy bien.

¿Adónde vamos?	
¿Vamos a	una cafetería?
	una heladería?
	un bar?
	un restaurante?

Sí, muy bien.
No, es (muy) caro/a.
     está (demasiado) lejos.
     es (muy) ruidoso/a.
     es (un poco) caro/a.

4 🎧 Escucha (1–4). ¿Qué sugerencias hay y cuál es la decisión final?

Ejemplo: 1 Sugerencias: el bar, la cafetería
Decisión final: el restaurante

5 ✏️ Lee el mensaje de texto. Contesta con otra sugerencia.

¡Hola, Pedro! ¿Quieres ir a tomar algo? Podemos ir al bar El Tulipán. ¿Nos encontramos a las seis? Hasta luego, María

⚙️ **Cross-topic words**

algo – *something*

sesenta y cinco **65**

7B ¿Qué quieres beber?

- say which drinks you want or prefer
- learn how to guess the meanings of new words
- learn how to say 'for me'

Coca-Cola	1,50€
Fanta de limón	1,25€
granizado de limón	2€
granizado de café	2€
té solo	0,80€

1 Lee el menú. Escribe el español.

Ejemplo: 1 té con leche

1. tea with milk
2. black coffee
3. black tea
4. chocolate milkshake
5. coke
6. hot chocolate
7. iced lemon
8. lemon Fanta
9. orange juice
10. sparkling mineral water
11. still mineral water
12. strawberry milkshake

2a Escucha y lee la conversación.

1. Allí hay una mesa.
2. Muy bien.
3. Vamos.
4. ¿Qué queréis tomar?
5. No sé… ¿Qué hay?
6. Hay Coca-Cola, Fanta, granizado, té, café, batidos, agua mineral, zumo de naranja …
7. ¡Camarero!
8. ¿Qué desean?
9. Yo quiero un batido de chocolate. ¿Y para ti, Tomás?
10. Para mí, un té con leche. ¿Y tú, Víctor?
11. Quiero un granizado de limón.
12. Entonces, un batido de chocolate, un té con leche y un granizado de limón. Ahora mismo.
13. Muchas gracias.

66 sesenta y seis

Tapas y bebidas • 7

Menu

café con leche	0,90€	agua mineral con gas	1€	
café solo	0,80€	agua mineral sin gas	1€	
batido de chocolate	2,20€	chocolate caliente	2€	
batido de fresa	2,25€	zumo de naranja	2,10€	

¡Así se hace! Guessing the meaning of new words

As you know, you can sometimes guess the meanings of Spanish words because of their similarity to English words.

You can also guess the meanings of new words from their context.

- Can you guess what *agua mineral con gas* means? Look at the word *mineral* and think about the meaning of *gas* in English.

2 b 📖 Encuentra el español.

Ejemplo: 1 ¿Qué desean?

1. What would you like?
2. What do you want to have?
3. Waiter!
4. For me.
5. For you.
6. And you?
7. I don't know.
8. What is there?
9. Straight away.

Gramática: *querer* – to want

You have already met the stem-changing verb *jugar* (u > ue). **Querer** is another such verb. Its stem changes from **e** to **ie** in the **singular forms** and **3rd person plural**.

Querer (e > ie)

qu**ie**ro	I want
qu**ie**res	you want
qu**ie**re	he/she wants; you (formal) want
queremos	we want
queréis	you (pl) want
qu**ie**ren	they want; you (formal plural) want

3 a 💿 Escucha (1–3). ¿Cuál es la lista apropiada?

A
2 Coca-Colas
1 Fanta
1 café con leche
2 tés con limón

B
1 Coca-Cola
2 Fantas
2 cafés con leche
2 tés con limón

C
1 Coca-Cola
1 Fanta
1 café con leche
2 tés con limón

¿Qué	quieres / queréis	tomar?
(Yo)	quiero	un
Para	mí..	una
	él	
	ella	
	mi hermano…	

Gramática: disjunctive pronouns

These pronouns are used after a preposition, e.g. *para*:

mí	me
ti	you
él	him
ella	her
usted	you (formal)

Note that *mí* (me) has an accent to distinguish it from *mi* (my).

3 b 💬 Escribe tu lista de bebidas y haz una conversación.

⚙ **Cross-topic words**

quiero – I want   **para** – for

sesenta y siete **67**

7C ¿Y de comer?

- order a snack and pay the bill
- learn how to pronounce *ll*
- use the present tense of *–er* verbs

Labels in illustration: pizza, calamares, bocadillo de queso, bocadillo de jamón, aceitunas, bocadillo de atún, ensalada, tortilla española, hamburguesa, patatas fritas, patatas bravas, perrito caliente

1 a Escucha y canta la canción.

¿Te gustan los perritos calientes? Ahí hay un plato.
Uy, sí, me encantan. Pero prefiero un bocadillo.

Tengo mucha hambre. ¿Hay hamburguesas?
Hay con queso y sin queso. ¡Y hay patatas fritas!

Marisa, mira a aquel chico: ¡qué guapo es!
Prefiero a su amigo. ¡Además es inglés!

No tengo mucha hambre... ¿hay aceitunas?
No, pero hay tortillas.

¿Hay patatas bravas? Tengo mucha hambre.
Sí, pero prefiero un bocadillo grande.

♪ (estribillo)
Yo como ensalada
Tú comes mucho jamón
Comemos patatas fritas
Bebemos Fanta de límon
¡Ven a la fiesta a comer y beber!
¡Lo pasamos bomba – hay que ver!

Gramática: regular –er verbs

	Comer	Beber
I	com**o**	beb**o**
You	com**es**	beb**es**
He/She/You(formal)	com**e**	beb**e**
We	com**emos**	beb**emos**
You (pl)	com**éis**	beb**éis**
They	com**en**	beb**en**

68 sesenta y ocho

Tapas y bebidas • 7

1 b ¿Qué hay de comer? Haz una lista.

Ejemplo: perritos calientes…

Comida	Bebida
Hamburguesas	Fanta de limón

1 c Imagina que organizas una fiesta. Haz una lista de la comida y la bebida.

2 Une las cuentas con las conversaciones.

1 ¿Cuánto es?
   Son cinco euros con cuarenta.
2 La cuenta, por favor.
   Sí, son trece euros con veinticinco.
3 ¿Me da la cuenta?
   Son doce euros con ochenta.
4 ¿Cuánto es?
   Son veintiocho euros con cincuenta.
5 La cuenta, por favor.
   Son quince euros con setenta y cinco.
6 ¿Cuánto es?
   Son dieciocho euros con diez.

A Bar El Pimiento — 15,75€
B Cafetería Correcaminos — 12,80€
C Snack Bar La Casita Blanca — 13,25€
D Café Bar Torremolinos — 18,10€
E Restaurante La Duna — 5,40€
F Cafetería Girasol — 28,50€

Pronunciación: ll

This sound varies from region to region. Listen to the word *tortilla* pronounced by speakers from different Spanish-speaking areas.

- Here is the Castilian (central Spain) pronunciation. Listen and repeat:

tortilla	Sevilla
bocadillo	ellos
ella	me llamo
bollo	ellas
botella	caballo

3 !extra! Haz conversaciones en grupos de cuatro.

Ejemplo:
A ¡Camarero/a! Quiero un bocadillo y para él una tortilla, por favor.
B Muy bien. ¿Algo más?
A La cuenta, por favor.
B Son 6,30 euros.

Quiero…
Para mí/él/ella…
Muy bien. ¿Algo más?
La cuenta, por favor.
¿Cuánto es?
Son… €.

BAR GIRASOL
bocadillo de jamón — 4,25€
café con leche — 2€
calamares — 3,50€

BAR GIRASOL
tortilla española — 5,30€
pan — 1€
Fanta de limón — 3,75€

Cross-topic words
¿cuánto es? – *how much is it?*

sesenta y nueve 69

7D Prefiero los calamares

- compare snacks and drinks
- learn how to pronounce rr

1 Yo tengo mucha sed. Prefiero la Coca-Cola, es más refrescante.
Pues a mí me encanta la comida española. Para mí, una tortilla española.
Antonio

2 Pues a mí me gustan más las bebidas calientes, el té o el café. Voy a tomar un té con leche.
De comer yo… prefiero la carne. Voy a tomar una hamburguesa con queso.
Alba

3 De beber me gusta mucho la Fanta. Quiero dos, por favor.
Pues yo soy vegetariano, así que prefiero una ensalada.
Ignacio

4 Pues a mí me encanta el chocolate. Uno, por favor. Y de comer… me gusta mucho el pescado, así que unos calamares.
Jessica

1 a Escucha y lee la conversación en el bar. Une las personas con las bandejas. ¡Cuidado! Hay más bandejas que personas.

A B C
D E F

1 b Di si las frases son verdad (V) o mentira (M).

Ejemplo: 1 V

1. Antonio tiene mucha sed.
2. Antonio prefiere la Fanta.
3. Alba prefiere las bebidas frías.
4. Ignacio quiere dos Fantas.
5. Jessica quiere un café con leche.
6. Jessica prefiere el pescado.
7. A Ignacio le gustan las hamburguesas.
8. Alba quiere una hamburguesa.
9. Antonio prefiere la comida francesa.
10. Antonio va a tomar una tortilla española.

2 Escribe un párrafo. Escribe qué prefieres comer y beber, y por qué.

De beber prefiero	la Coca-Cola el té el café el agua…	porque	es más refrescante. me gustan más las bebidas calientes. prefiero las bebidas frías.
De comer prefiero	la tortilla española la carne el pescado las aceitunas…		me gusta la comida española/inglesa. soy vegetariano/a. prefiero la carne. me encanta el pescado.

3 Pregunta a tu pareja.

¿Qué prefieres comer? ¿Por qué?
¿Qué prefieres beber? ¿Por qué?

Pronunciación: rr

This is one of the most difficult sounds for English speakers. Try to roll the *r*.

- **Listen and repeat:**

  perrito   *arriba*
  párrafo

- Look back over the units searching for words with *rr* and make a list.

Cross-topic words

más – *more*

Resumen

Tapas y bebidas • 7

Tengo calor/frío	I'm hot/cold
Tengo hambre/sed	I'm hungry/thirsty
Tengo sueño	I'm sleepy
el bar	the bar
la cafetería	the café
el restaurante	the restaurant
la heladería	the ice-cream parlour
Es demasiado ruidoso	It's too noisy
Es muy barato	It's very cheap
Es un poco caro	It's a bit expensive
Es bastante barato	It's quite cheap
Es muy pequeño	It's very small
Es demasiado grande	It's too big
Está lejos	It's far away
Está cerca	It's nearby
Está bien	It's OK
Prefiero tomar algo frío/caliente	I prefer to have something cold/hot
¿Qué quieres tomar?	What would you like (to have)?
¡Dígame!	What can I get you?
¿Qué hay?	What is there?
¿Y para comer/beber?	And to eat/drink?
La cuenta, por favor	The bill, please
¿Cuánto es?	How much is it?
Son 13,40€	It's 13,40€
Aquí tiene	Here you are

Las bebidas / Drinks

una Coca-Cola	a coke
una Fanta de limón/de naranja	a lemon/orange Fanta
un granizado de limón	iced lemon
un té/café solo	a black tea/coffee
un té/café con leche	a tea/coffee with milk
un batido de chocolate	a chocolate milkshake
un agua mineral con/sin gas	sparkling/still mineral water
una naranjada	an orangeade
un chocolate caliente	a hot chocolate
un zumo de naranja	an orange juice

Las tapas / Snacks

una hamburguesa con queso	a cheese burger
un perrito caliente	a hot dog
un bocadillo de jamón	a ham sandwich
un bocadillo de queso	a cheese sandwich
un bocadillo de atún	a tuna sandwich
una ensalada	a salad
una tortilla española	a Spanish omelette
unas patatas fritas	some chips
unos calamares	some calamari/squid
unas aceitunas	some olives
unas patatas bravas	some potatoes in spicy sauce
La Coca-Cola es más refrescante	Coke is more refreshing
Me gustan más las bebidas calientes/frías	I like hot/cold drinks better
Prefiero la carne	I prefer meat
Soy vegetariano/a	I am a vegetarian

Gramática:

Tener + nouns	tengo frío/calor/hambre/sed/sueño I'm cold/hot/hungry/thirsty/sleepy			Querer – to want (stem-changing verb)	quiero	I want	queremos	we want
					quieres	you want	queréis	you (pl) want
					quiere	he/she wants	quieren	they want
Disjunctive pronouns after a preposition	para mí	for me		Regular –er verbs comer (to eat)	como	I eat	comemos	we eat
	ti	you			comes	you eat	coméis	you (pl) eat
	él	him			come	he/she eats	comen	they eat
	ella	her						
	usted	you (polite)						

¡Así se hace!

★ Guessing words from their similarity to English spelling and from the context.

★ Listening for speech fillers.

★ Pronunciation: *ll, rr*

Cross-topic words

algo – *something* **para** – *for* **más** – *more*
quiero – *I want* **¿cuánto es?** – *how much is it?*

setenta y uno

8 La rutina diaria

8A Tu rutina diaria

- say what you do in a typical day
- learn how to use reflexive verbs
- learn how to scan a text for information

¿Cuál es tu rutina diaria, María?

1 Escucha y lee. Pon los dibujos en orden.

Ejemplo: **D, A ...**

A Después, me levanto a las siete y cuarto.

B Salgo de casa a las ocho.

C ...y hago los deberes de cinco a seis y media.

D Normalmente me despierto a las siete.

E Después, me peino y me lavo los dientes.

F Normalmente vuelvo a casa a las cuatro...

G Siempre ceno con mi familia a las nueve.

H Me acuesto a las diez.

I Me ducho.

J Luego me relajo.

K Me visto a las siete y media...

L ...y desayuno.

Gramática: reflexive verbs

- Look again at the text in 1a. What do the verbs *me despierto*, *me levanto* and *me ducho* have in common?

Many of the verbs used to describe daily routine in Spanish are **reflexive** verbs, indicating an action that 'reflects back' onto yourself. This is why you put *me*, *te*, or *se* in front of the verb.

me levanto	I get up (lit. I get **myself** up)
te levantas	you get up
se levanta	he/she gets up

Note: some verbs are also stem-changing

◀◀ ver página 67

despertarse	me desp**ie**rto
vestirse	me v**i**sto
acostarse	me ac**ue**sto

In the dictionary, reflexive verbs are shown with *se* at the end of the verb, e.g. *levantar**se***, *vestir**se***, *acostar**se***.

72 setenta y dos

La rutina diaria • 8

2 a Entrevista a tu pareja.

¿Cuándo te despiertas?	Me despierto a las...
¿A qué hora te levantas?	Me levanto a las...
¿Te duchas por la mañana o por la noche?	
¿A qué hora?	Me ducho/Me baño a las...
¿A qué hora te vistes?	Me visto a las...
¿A qué hora sales de casa?	Salgo de casa a las...
¿Cuándo vuelves a casa?	Vuelvo a casa a las...
¿A qué hora te relajas?	Me relajo a las...
¿Cuándo cenas? ¿Con quién?	Ceno a las... con...
¿A qué hora te acuestas?	Me acuesto a las...

2 b ¡extra! Describe la rutina de tu pareja.

Ejemplo: Paul se despierta a las...

3 a Lee el correo electrónico y rellena el cuadro con las horas correctas.

¡Así se hace! Scanning a text

In this activity you are looking for times. You know time is expressed using *a la/a las* so look for all the numbers with *a la/a las* in front.

	Antonio	Hermana María
Se despierta	7	
Se levanta	7:30	
Desayuna		
Sale de casa		
Vuelve a casa		
Cena		
Se acuesta		

conmigo – *with me*

3 b ¡extra! Contesta al correo electrónico de Antonio. Describe tu rutina y la rutina de tu familia.

Cross-topic words

por la mañana – *in the morning*
por la noche – *in the evening*

¡Hola!

Muchas gracias por tu correo electrónico.

Normalmente me despierto a las siete, y me levanto a las siete y media. Mi hermana se levanta más tarde, a las ocho.

Me ducho y desayuno a las ocho. Siempre desayuno cereales y un café con leche. ¡No me gusta nada el té! Mi hermana María desayuna conmigo.

Después, salgo de casa a las ocho y media. Voy al colegio en autobús. Es muy divertido, porque voy con mis amigos Pedro y Sergio. Mi hermana sale a las nueve.

Luego, vuelvo a casa a las cuatro y media. Mi hermana también vuelve a las cuatro y media. Normalmente veo la tele una media hora, y después hago mis deberes.

A las ocho y media me relajo, escucho música o hablo por teléfono con mis amigos. En mi casa cenamos a las nueve. Ceno con mi familia: mi madre, mi padre y mi hermana pequeña.

Después de cenar, veo la tele con mi hermana y me acuesto a las once. Mi hermana es más pequeña y se acuesta a las diez.

¿Y tú? ¿Cuál es la rutina de tu familia?

Antonio :-)

setenta y tres 73

8B ¿Qué haces los fines de semana?

- say what you do at the weekend
- recognise and use adverbs

Hola, María. ¿Es diferente tu rutina los fines de semana?

¡Uy, sí, es muy diferente!

1 a 🔊 Escucha (1–6) y lee la rutina de María. Une las frases con los dibujos.

Ejemplo: 1 F

1. Los sábados me despierto a las nueve más o menos, pero no me levanto <u>inmediatamente</u>. Me quedo en la cama y me levanto a las diez y media. Entresemana me despierto a las siete y me levanto a las siete y cuarto.

2. Después desayuno <u>lentamente</u> los sábados. Entresemana desayuno poco, y <u>rápidamente</u>, pero los sábados desayuno mucho.

3. Los sábados, después de desayunar, me relajo, veo la tele o escucho música <u>tranquilamente</u>.

4. Me visto <u>lentamente</u> a las once y media y salgo de casa a las doce. De lunes a viernes me visto <u>rápidamente</u> a las siete y media y salgo de casa a las ocho.

5. Los sábados, vuelvo a casa por la tarde, a las seis, y a veces hago mis deberes a las siete. Entresemana vuelvo a las cuatro y hago los deberes a las cinco.

6. Luego los sábados, veo la tele <u>tranquilamente</u> o navego por Internet. Entre semana me acuesto temprano, a las diez, pero los sábados me acuesto tarde, a las once y media o a las doce.

A **B**  **C**  **D**  **E**  **F**

> me quedo en la cama – *I stay in bed*

¡Así se hace! *Dealing with unknown language*

You have already learned two ways of dealing with unknown language:

1. by guessing the meaning of words similar to English (e.g. *veo la tele* – I watch TV)
2. by guessing words from their context (*navego por Internet* – I surf the Internet).

- You could also guess the meaning of some words according to the category they belong to. For example, look at Text 2 above.

You know that *desayuno* means 'I have breakfast'. So you could guess that words such as *poco* and *mucho* refer to how much food you have for your breakfast. You could also guess that *lentamente* and *rápidamente* are adverbs (describing how you do things) because they end in *-mente*.

La rutina diaria • 8

1 b 📖 Copia el cuadro y rellena los detalles.

Entresemana	7.00		Poco, rápidamente			
Los sábados						

Gramática: adverbs

1 c Change the following adjectives into adverbs.

Ejemplo: 1 rápidamente

1 rápido
2 lento
3 difícil
4 inmediato
5 fácil
6 evidente
7 enérgico
8 profundo
9 completo

Adverbs are words which express how an action is done.
- Read the text in 1a again. Can you spot a pattern relating to the adverbs which have been underlined?
- Make the adjective feminine, then add: –mente

m	f	adverb
rápido	rápida	rápidamente
útil	útil	útilmente

2 🎧 Escucha (1–5). Copia y rellena el cuadro con las horas correctas.

	Entresemana		Los fines de semana	
	Se levanta	Se acuesta	Se levanta	Se acuesta
1	7.15			
2				

3 a 💬 Sondeo de clase. Copia y rellena el cuadro.

	¿A qué hora te levantas entresemana?	¿A qué hora te acuestas entresemana?	¿A qué hora te levantas los fines de semana?	¿A qué hora te acuestas los fines de semana?
Yo	7.00	9.30	10.00	11.00
Paul	7.30	9.00	11.00	12.30
Shirley	7.30			
....				

3 b ✏️ ¡extra! Escribe el resultado del sondeo.

Ejemplo:

2 personas se levantan temprano entresemana. Son Shirley y Paul. Se levantan a las siete y media.

1 persona se acuesta tarde entresemana ...

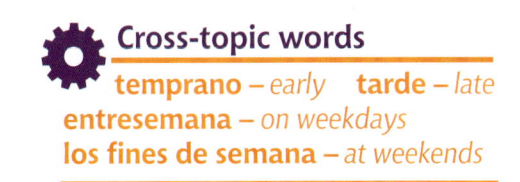

Cross-topic words

temprano – *early* **tarde** – *late*
entresemana – *on weekdays*
los fines de semana – *at weekends*

setenta y cinco 75

8C ¿Cuándo comes?

- talk about mealtimes and normal meals
- compare mealtimes in England and Spain
- learn how to pronounce *qu + e* or *i*

Gastronomía

En España y en Inglaterra

Las horas de las comidas (aparte del desayuno) son muy diferentes en España y en Inglaterra. Los españoles desayunan normalmente café con leche y tostadas o pan con aceite de oliva. El almuerzo es la comida más importante, entre las dos y las cuatro, y casi todos los españoles van a casa. Normalmente comen un primer plato y un plato principal como carne o pescado, además de fruta.

La cena es muy tarde, entre las nueve y las diez y media y no comen mucho: una tortilla, verdura y fruta.

Las comidas en España

Desayuno
- café con leche
- tostadas
- pan con aceite

Merienda
- batido
- leche
- galletas
- pastel

Almuerzo
- pollo
- carne
- pescado
- verdura
- pasta
- fruta

Cena
- tortilla
- verdura
- pescado
- yogur

Las comidas en Inglaterra

Desayuno
- cereales
- té con leche
- bacón y huevo frito

Almuerzo
- bocadillo
- patatas fritas
- patata asada
- pastel
- chocolatina

Cena
- pollo
- pizza
- carne
- pescado
- verdura
- fruta
- yogur

UNA ENTREVISTA

Entrevistador: Margaret vive en Manchester, tiene quince años y es inglesa. ¡Hola Margaret! Irene tiene catorce años y vive en Valencia, en la costa este de España. ¿Qué tal, Irene?

I: Muy bien, gracias.

E: Bueno, dime Irene, ¿qué desayunas normalmente?

I: Bueno, desayuno a las siete y media y normalmente tomo café con leche y tostadas o pan con aceite.

E: ¿Y tú, Margaret?

M: Yo desayuno a las ocho menos cuarto, y tomo cereales y té con leche. Y los fines de semana tomo bacón con un huevo frito.

E: Irene, ¿qué almuerzas?

I: Almuerzo a las dos o dos y media. Yo normalmente como pollo con verdura, o pescado, y a veces pasta. Como fruta también.

E: Margaret, ¿a qué hora almuerzas tú?

M: Mucho más temprano, a las doce o doce y media. No como mucho: un bocadillo, patatas fritas o una patata asada. A veces tomo pastel de chocolate también.

E: ¿Y qué cenáis en Inglaterra?

M: Normalmente ceno a las siete, y como pollo, o pizza, con verdura y patatas. A veces como pasta también.

I: En mi familia, y en España en general, cenamos mucho más tarde, a las nueve y media o las diez. Cenamos poco: verdura, pescado, o yogur.

La rutina diaria • 8

1 📖 **Lee el texto 'En España y en Inglaterra'. Encuentra las expresiones siguientes en español.**

Ejemplo: **1 diferente**

1. Different
2. Toast
3. Bread with olive oil
4. Lunch
5. Between two and four
6. Almost all Spanish people go home
7. First course
8. Main course
9. Dinner is very late
10. They don't eat much

2 📖 **Lee el texto 'Una entrevista'. ¿Verdad (V) o mentira (M)?**

Ejemplo: **1 V**

1. Los españoles desayunan café y pan tostado.
2. Margaret desayuna a las seis y media.
3. Los españoles almuerzan más temprano que los ingleses.
4. Los ingleses almuerzan menos que los españoles.
5. La cena es la comida principal en España.
6. La cena es más temprano en Inglaterra que en España.
7. La cena es más grande en Inglaterra que en España.

> **Gramática:** comparatives
>
> **más ... que**   more ... than
> **menos ... que**   less ... than
>
> *Los españoles cenan más tarde que los ingleses.*
> Spanish people have dinner later than English people.

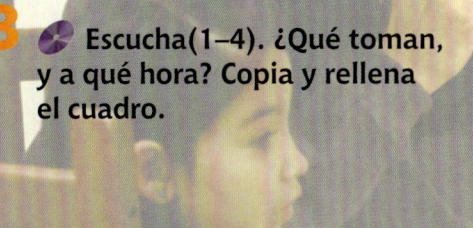

3 🎧 **Escucha (1–4). ¿Qué toman, y a qué hora? Copia y rellena el cuadro.**

		Inés	Paco	Pepa	Pablo
Desayuno	Hora				
	Comida				
Almuerzo	Hora				
	Comida				
Merienda	Hora				
	Comida				
Cena	Hora				
	Comida				

4 a ✏️ **Escribe un menú normal para ti y las horas correctas.**

Desayuno Almuerzo Ceno	a las (siete). entre las (seis) y las (siete).
Normalmente A veces También	tomo (pollo).

4 b 💬 **Pregunta a tu pareja.**

¿Qué desayunas? ¿A qué hora?
¿Qué almuerzas? ¿A qué hora?
¿Qué cenas? ¿A qué hora?

4 c 💬 **¡extra! Presenta a tu pareja al resto de la clase.**

Ejemplo:

Michael desayuna a las ocho y media.
Normalmente toma cereales y té.
Almuerza a las... Toma...
Cena a las... Normalmente toma...

🗣️ **Pronunciación:** *qu + e* or *i*

The letter **q** is always followed by *u + e / i*. It is similar to the 'c' sound in 'car' or 'cow' in English. The *u* is silent.

- 🎧 ***Listen and repeat the following words.***
  queso   quién   qué   quiero   quisiera

- ***Learn this tongue twister:***
  ¡Qué queso tan rico quiere Quique!

8D ¿Qué haces cuando llueve?

- describe the weather
- say what you do depending on the weather
- learn how to guess answers

1 Une los dibujos y las frases.

Ejemplo: 1 F

1 Hace buen tiempo.	4 Hace mal tiempo.	7 Hiela.
2 Hace calor.	5 Hace sol.	8 Llueve.
3 Hace frío.	6 Hay tormenta.	9 Nieva.

2 Escucha (1–9). ¿Qué actividades hacen según el tiempo?

Ejemplo: 1 Cuando llueve… veo la tele.

1 Cuando llueve…
2 Cuando nieva…
3 Cuando hay tormenta…
4 Cuando hace sol…
5 Cuando hace frío…
6 Cuando hace buen tiempo…
7 Cuando hace mal tiempo…
8 Cuando hace calor…
9 Cuando hiela…

¡Así se hace! Guessing answers

When doing listening exercises, it is often possible to guess what the answer will be before you hear it, or to have an idea about the sort of word you will hear.

- Read the instructions. What sort of information is asked for?
- You have learned vocabulary related to free-time activities in Unit 6. Look back on page 61 to refresh your memory. Now try to guess what the answer will be before you hear it: you are bound to get a few right!

3 ¿Y tú? ¿Qué actividades haces? Escribe una lista.

Ejemplo: 1 Cuando llueve veo la tele.

practico la natación	veo la tele	navego por Internet	toco el piano
salgo con amigos	voy al cine	hago los deberes	me quedo en casa
escucho música	voy al cine/de compras/al centro		

4 a Pregunta a tu pareja y anota las respuestas.

Ejemplo:

A: ¿Qué haces cuando llueve?
B: Cuando llueve me quedo en casa.

4 b ¡extra! Escribe lo que hace tu pareja.

Ejemplo: Cuando llueve, Paul se queda en casa.

juega	practica	sale	va
toca	escucha	navega	ve
hace	se queda		

Cross-topic words

¿Qué haces? – *What do you do?*

Resumen

La rutina diaria • 8

Rutina diaria	**Daily routine**
Me despierto	I wake up
Me levanto	I get up
Me ducho	I have a shower
Me lavo los dientes	I brush my teeth
Me pongo el uniforme	I put on my uniform
Me visto	I get dressed
Me peino	I brush my hair
Me relajo	I relax
Me acuesto	I go to bed
Me quedo en la cama	I stay in bed
Desayuno	I have breakfast
Salgo de casa	I leave the house
Vuelvo a casa	I go back home
Hago los deberes	I do my homework
Ceno	I have dinner

Adverbios	**Adverbs**
inmediatamente	immediately
lentamente	slowly
rápidamente	quickly
tranquilamente	calmly
poco/mucho	a little/a lot
temprano/tarde	early/late

Las comidas	**Meals**
el desayuno	breakfast
el almuerzo	lunch
la merienda	afternoon snack
la cena	dinner/supper
¿Qué desayunas?	What do you have for breakfast?
¿Qué almuerzas?	What do you have for lunch?
¿Qué meriendas?	What do you have for tea?
¿Qué cenas?	What do you have for dinner?
Para desayunar tomo…	For breakfast I have…
café con leche/té	white coffee/tea
tostadas/cereales	toast/cereal
pan con aceite	bread with olive oil
bacón con huevos fritos	bacon with fried eggs
Para almorzar tomo…	For lunch I have…
pollo/verdura	chicken/vegetables
ensalada/pescado	salad/fish
pasta/un bocadillo	pasta/a sandwich
una patata asada	a baked potato
De postre tomo…	For dessert I have…
fruta/ helado	fruit/ice-cream
un yogur	a yogurt
Para merendar tomo…	For an afternoon snack I have…
Entre comidas tomo…	Between meals I have…
un vaso de leche	a glass of milk
un batido de chocolate	a chocolate milkshake
galletas/un pastel	biscuits/a cake
Para cenar tomo…	For dinner I have…
carne/pizza	meat/pizza
una tortilla	an omelette

El tiempo	**The weather**
Hace buen/mal tiempo	It is good/bad weather
Hace calor/hace frío	It is hot/it is cold
Hace sol/nieva	It is sunny/it snows
Hay tormenta	It is stormy
Hiela/llueve	It is icy/it rains

Gramática:

Reflexive verbs: *levantarse* – to get up	**me** levanto I get up **te** levantas you get up **se** levanta he/she gets up	**nos** levantamos we get up **os** levantáis you (pl) get up **se** levantan they get up
Adverbs: expressing how an action is done	Add *–mente* to the feminine form of the adjective **m** **f** **adverb** rápido rápida rápidamente (rapidly)	
Comparatives	*más…que* – more…than/*menos…que* – less…than	

Cross-topic words

por la mañana – *in the morning*
por la noche – *in the evening*
temprano – *early*   **tarde** – *late*
entresemana – *during the week*
los fines de semana – *at weekends*
¿Qué haces? – *What do you do?*

¡Así se hace!

★ scanning a text for specific information
★ dealing with unknown language
★ anticipating answers
★ Pronunciation: *qu + e* or *i*

setenta y nueve   79

Repaso
Unidades 7 y 8

¿Problemas? Mira las páginas 66 y 68.

1 🔊 Escucha (1–4). ¿Qué quieren de comer y beber? Copia y completa el cuadro.

	Comida	Bebida	Precio
1			
2			
3			
4			

2 💬 Mira la cuenta del restaurante El Caracol. Escribe la conversación y practica en grupos de cuatro.

¡Camarero/a!	¡Dígame!	Mmmm…	Para mí…
		Pues…	Para él…
		Bueno…	De comer…
		Vale…	De beber…
Muy bien. ¿Algo más?	La cuenta, por favor. ¿Cuánto es?	Son… €.	

Restaurante El Caracol

2 perritos calientes — 3,60€
1 hamburguesa con queso — 2,10€
1 ensalada — 3,15€
2 Coca-Colas light — 2,20€
1 Fanta de limón — 1,10€
1 café con leche — 0,90€

3 a ✏️ Imagina que eres María. Lee y contesta a las preguntas.

Ejemplo: Mi bebida favorita es la Coca-Cola light.

> ¡Hola! Me llamo María y tengo trece años.
> Mi bebida favorita es la Coca-Cola light. ¡Me encanta!
> Me gusta desayunar té y cereales. No me gusta nada el café.
> Entresemana me levanto rápidamente a las siete y media.
> Salgo de casa a las ocho y media. Los fines de semana normalmente me levanto a las diez y media.
> Normalmente ceno en casa con mi familia. Me gustan mucho el pollo y la pizza.
> Entresemana normalmente me acuesto temprano, a las nueve, pero los fines de semana veo la tele después de la cena, y me acuesto a las once y media o a las doce.

1. ¿Cuál es tu bebida favorita?
2. ¿Qué te gusta desayunar?
3. ¿A qué hora te levantas entresemana?
4. ¿A qué hora te levantas los sábados?
5. ¿A qué hora sales de casa entresemana?
6. ¿Dónde cenas normalmente?
7. ¿A qué hora te acuestas normalmente entresemana?
8. ¿A qué hora te acuestas los fines de semana?

3 b ✏️ Contesta a las preguntas para ti y escribe un párrafo. Usa la carta de María como modelo.

Ejemplo: ¡Hola! Me llamo… Mi bebida favorita es…

¡Hola! ¿Qué tal?

Yo estoy muy bien. Me llamo María José y soy española. Tengo trece años y vivo en Granada, en el sur de España. Te voy a contar lo que hago normalmente.

Los lunes me levanto muy temprano, porque tengo natación a las siete. Voy a la piscina, y después me ducho y desayuno a las ocho. Me gusta desayunar un té con leche y cereales. Los demás días me levanto un poco más tarde, a las siete y media. Siempre me ducho rápidamente y luego me pongo el uniforme.

Normalmente salgo de casa a las nueve menos cuarto y llego al colegio para mi primera clase a las nueve. Mi colegio está muy cerca de mi casa. Me gusta mucho porque estoy con mis amigos.

Almuerzo en la cantina con mis amigas Isabel y Elena. Me encanta la pizza, pero a veces tomo ensalada porque es más sana. Comemos a la una y media porque tenemos dos clases más por la tarde.

Termino las clases a las cuatro y luego vuelvo a casa. Los martes y los jueves tengo clases particulares de piano, y los miércoles voy a una academia de idiomas para estudiar francés.

Normalmente hago los deberes a las cinco, hasta la hora de cenar. Siempre ceno con mi familia en la cocina. Muchas veces cenamos pollo con verduras o, a veces, pasta.

Después de la cena me relajo, veo la tele o navego por Internet. A veces hablo por teléfono con mis amigas. Los sábados voy al cine o al centro.

Los días de semana me acuesto bastante temprano, a las nueve y media o las diez, pero los fines de semana me acuesto mucho más tarde, a las doce o doce y media.

¿Y tú? ¿Qué haces normalmente? Háblame de tu rutina.

Hasta pronto,

María José

1 Contesta a las preguntas en inglés.

1. What is the girl's name?
2. How old is she?
3. Where does she live?
4. Why does she get up early on Mondays?
5. What does she like to have for breakfast?
6. Does she wear a uniform?
7. What time does she leave the house?
8. Where is her school?
9. Why does she like school?
10. What does she have for lunch in the canteen?
11. When does she finish school?
12. What after-school activities does she take part in?
13. What does she normally have for dinner?
14. What does she do after dinner?
15. What time does she go to bed during the week and at weekends?

2 Une las dos partes de las frases.

Ejemplo: **1 h**

1. María José tiene
2. Granada está
3. María José se levanta
4. La primera clase
5. María José almuerza
6. Hace los deberes
7. Los sábados
8. Los fines de semana

a a las cinco.
b a las siete y media.
c en el sur de España.
d en la cantina.
f es a las nueve.
g se acuesta a las doce o doce y media.
h trece años.
i va al cine o al centro.

9 El cole

9A ¿Cómo es el colegio?

- learn about schools in Spain
- talk about your school
- use numbers 100–1000

1 a Escucha y mira las fotos.

1. Bueno, bienvenida al Colegio Santa María. Te enseñamos el colegio.
   - ¡Hola! ¿Es tu primer día?
   - Sí. Soy Nuria Alvarez.
2. Aquí está el patio y detrás el campo de deportes.
3. Y aquí la biblioteca y los ordenadores.
4. A la derecha está la sala de profesores… y a la izquierda el despacho del Director.
5. Aquí están los laboratorios.
6. Aquí están el gimnasio y los vestuarios.
7. Y el comedor.
8. Finalmente, el aula y el profesor.

1 b Describe los colegios siguientes.

Ejemplo: **A** Hay un patio, una piscina, un comedor, aulas y laboratorios. No hay gimnasio.

¡Así se hace! Linking words (revision)

– When making a list, don't forget to add *y* (and) before the last item:

   Hay un gimnasio, un patio y una piscina.

– Also, don't forget to include useful words like *también* (also) and *pero* (but):

   También hay un polideportivo pero no hay campo de deportes.

	colegio	piscina	comedor	aulas	laboratorios	gimnasio	campo	biblioteca
A	✓	✓	✓	✓	✓	✗		
B	✓	✗				✓	✓	✓
C	✗		✓	✓		✓	✓	✓
D	✓	✓	✓		✗	✓		✓

1 c Escucha (1–4). Escribe la letra del colegio.

Ejemplo: **1 C**

82 ochenta y dos

El cole • 9

2 a ¡Así se hace! High numbers

It is very important to be able to say and understand numbers. Practise some *gimnasia mental*.

- Take turns with your partner to say the following:

  111, 222, 333, 444, 555, 666, 777, 888, 999

  123, 234, 345, 456, 567, 678, 789.

2 b Escucha (1–5). Identifica los números.

1. 1600, 1700
2. 1250, 250
3. 750, 650
4. 1090, 1900
5. 1340, 1430

3 a Une las preguntas y las respuestas.

1. ¿Cómo se llama tu colegio?
2. ¿Cómo es?
3. ¿Cuántos alumnos hay?
4. ¿Cuántos profesores hay?
5. ¿Qué hay en el colegio?

a. Hay ciento treinta.
b. Es bastante grande y moderno.
c. Hay un gimnasio y campos de fútbol.
d. Hay mil novecientos.
e. Se llama Colegio Covadonga.

3 b Habla con tu pareja y usa las preguntas en 3a. Adapta tus respuestas.

4 Lee y usa las frases que son útiles para describir tu colegio.

Ejemplo: Mi colegio se llama… Es un colegio de chicos.

¡Hola!
Soy Angélica. Mi instituto se llama Colegio Lope de Vega y está en un pueblo pequeño cerca de la costa. Es un colegio secundario mixto. Hay alumnos de 11 a 19 años. Hay aproximadamente mil doscientos alumnos y cien profesores. Es antiguo y no hay muchas instalaciones. No hay campos de fútbol como hay en Inglaterra.

¡Hola!
Me llamo Nacho. Voy a un instituto privado de chicos. Se llama El Instituto Internacional. Está en el centro de Buenos Aires. Hay educación primaria y secundaria. Hay alumnos de 5 a 18 años. Hay ochocientos alumnos y setenta profesores. Es nuevo pero no hay piscina.

Gramática: *Los números*

Look at the numbers in exercise 4: *mil doscientos, ochocientos*.

- Write them as numbers. Then write them as words in English.
- To form numbers in the hundreds, you normally **add the number and cientos** (*dos + cientos = doscientos*).
- There are exceptions. Can you spot them? Look at the list:

  *doscientos   trescientos   cuatrocientos
  quinientos   seiscientos   setecientos
  ochocientos   novecientos   mil*

  They must be learnt separately.

- The numbers ending in –*cientos* are adjectives and change according to the noun that they describe (e.g. *mil setecientas cincuenta alumnas*).
- *mil setecientos cincuenta y dos* = one thousand seven hundred and fifty-two. Note that in Spanish, the 'one' isn't there and the 'and' (*y*) comes before the tens and the units.

Note: *cien alumnas* but *ciento veinte alumnos*. **Ciento is shortened to cien** when not followed by any other numbers.

ochenta y tres 83

9B El horario

- talk about your timetable
- learn more about how to say the time
- make longer sentences using 'firstly', 'then...'

> ¿Qué tenemos primero?
> por la tarde/mañana?
> después del recreo?
> luego/entonces/ finalmente?
> a la una/las once/diez...?

1 a Escucha (1–5) y apunta los números de las asignaturas.

Ejemplo: 1 8, 3... (gimnasia, biología...)

1 b Escucha otra vez y mira el horario. ¿Qué día es?

Ejemplo: 1 miércoles

	lunes	martes	miércoles	jueves	viernes
9.00 – 10.00	inglés	alemán	gimnasia	inglés	dibujo
10.00 – 11.00	deporte	español	biología	física	inglés
11.00 – 11.30			RECREO		
11.30 – 12.30	geografía	informática	español	geografía	español
12.30 – 1.30	dibujo	matemáticas	música	cocina	francés
1.30 – 3.30			COMIDA		
3.30 – 4.30	matemáticas	tecnología	química	francés	matemáticas
4.30 – 5.30	español	historia	religión	matemáticas	tecnología

1 c Habla con tu pareja. Usa el horario y adivina el día.

Ejemplo:

A ¿Qué tenemos primero?
B *Inglés.*

A ¿Qué tenemos luego?
B *Deporte.*

A Es lunes.
B *Sí.*

El cole • 9

2 a 📖 Une las frases con los relojes.

Ejemplo: **1 E**

1. Tengo recreo a las once y veinticinco.
2. Tenemos deporte a las dos menos veinte.
3. Tengo dibujo a las nueve y diez.
4. Tenemos tecnología a la una menos cinco.
5. ¿A qué hora tienes música? A las doce y veinte.
6. Tengo matemáticas a las tres menos diez.
7. Tenemos física a las diez y cuarto.
8. Hay clase de biología a las cuatro menos veinticinco.
9. Tengo español a las ocho y media.
10. Tenemos química a las cinco menos cuarto.

Gramática: la hora

2 b Draw a clock and put in the y cinco, y diez, etc. and menos cinco, menos diez, etc. using the sentences in 2a to help you.

Remember to use **a la** for one o'clock but **a las** for all the other hours because they are plural.

To remember *menos* think of 'minus'.

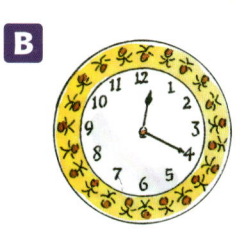

2 c ¡extra! Gimnasia mental

● 💬 Practica con tu pareja.

hasta – up to

> De la una hasta las dos en cinco minutos: a la una, a la una y cinco.

> De las doce hasta las once en cinco minutos: a las doce, a las doce menos cinco.

3 a 💬 Describe tu horario a tu pareja. ¿Cuántos segundos puedes hablar sin pausa? Usa las frases en 2a.

Cross-topic words

primero – *first*   **luego** – *then, next*
entonces – *then*   **finalmente** – *finally*

3 b ✏️ Escribe tu horario.

3 c ✏️ ¡extra! Da más detalles. Escribe qué haces antes y después del cole.

¡Así se hace! Structuring sentences

Use words like *primero, luego, entonces, después,* and *finalmente* to make longer sentences.

Ejemplo: *Bueno, primero tengo matemáticas a las nueve y diez. Luego tengo inglés a las diez y veinte. Después del recreo tengo tecnología. Entonces tenemos gimnasia a la una menos veinticinco. Finalmente, tengo geografía a las dos menos veinte.*

ochenta y cinco   85

9C Un día típico

- talk about your daily routine
- say how often you do something

1 a Escucha y lee. Pon las fotos en orden.

> Soy Ana. Llego al cole a las ocho. Voy en autobús. Hablo con mis amigos en el patio. Las clases empiezan a las ocho y media. Las clases duran una hora.
>
> A las diez y media hay recreo. Voy al comedor y tomo un bocadillo. Hay clases desde las once hasta la una.
>
> Vivo cerca y voy a casa a comer con mi madre. Hay actividades pero prefiero volver a casa.
>
> Vuelvo a las tres y media. Termino las clases a las cinco y media. Hay actividades después. Por ejemplo, hay un club de fotografía. Hay equipos de fútbol y de baloncesto. Canto en el coro y toco la flauta en la orquesta.
>
> Vuelvo a casa a las siete y hago mis deberes. Ceno a las diez.

empezar – *to begin*
llegar – *to arrive*
desde – *from*
hasta – *(up) to*
el equipo – *the team*
cantar – *to sing*
el coro – *the choir*
tocar la flauta – *to play the flute*

1 b Contesta a las preguntas en inglés.

1. At what time does Ana arrive at school?
2. What does she do when she gets there?
3. When do the classes begin?
4. At what time is break?
5. At what time does the school break for lunch?
6. Does Ana have lunch at school?
7. At what time does she go back to school for the afternoon?
8. When does she finish for the day?
9. What does she do after school?
10. At what time does she arrive home?
11. What does she do then?

1 c ¡extra! Contesta a las preguntas para ti en español.

Ejemplo: 1 Llego al colegio a las ocho.

2 a Escucha (1–8). ¿Qué actividades?

Ejemplo: 1 c

a el equipo de fútbol
b el club de informática
c el club de teatro
d el coro
e la orquesta
f el club de atletismo
g el club de arte
h el club de baloncesto
i el club de fotografía

2 b Escucha otra vez. ¿Cuándo?

Ejemplo: 1 B

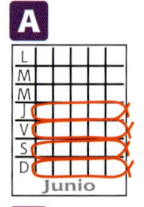

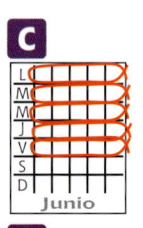

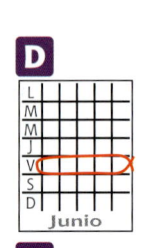

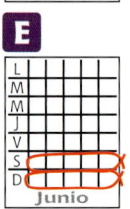

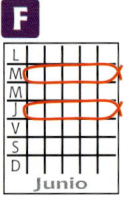

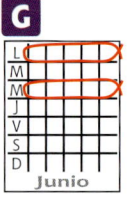

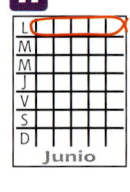

El cole • 9

2c Habla con tu pareja. Cambia las frases.

A ¿Qué actividades haces?   A ¿Cuándo?   A ¿Qué día?
B Canto en el coro.   B Una vez a la semana.   B Los martes.

¿Qué actividades haces?		
Voy al club de informática dibujo/fútbol/atletismo	una vez	a la semana.
Practico el atletismo	dos veces	al día.
Navego por Internet		al mes.
Juego al baloncesto	los martes.	
Toco la flauta/el piano en la orquesta.	todos los días.	
Canto en el coro	los fines de semana.	

Gramática:
on Mondays
los lunes = on Mondays
el martes = (on) Tuesday

3 Lee la carta y compara el horario de los dos estudiantes. Haz una lista de las diferencias.

Isabel	Pedro
Me levanto a las seis y media.	Me levanto a las seis.

¡Hola!
Me levanto a las seis y media y salgo de casa a las ocho menos cuarto. El colegio está cerca y voy andando. Las clases empiezan a las ocho y media. Hay recreo a las diez y media y tomo un bocadillo en el comedor. El recreo dura media hora. A la una vuelvo a casa a comer. Vuelvo a las tres y media y tengo clases hasta las cinco y media. Soy miembro del equipo de baloncesto y practicamos después de las clases. Vuelvo a casa a las siete y hago mis deberes. Cenamos a las diez y veo la televisión hasta las once y media.

Es un día largo pero me gusta. Tengo muchos amigos y estoy contenta.

Besos,
Isabel

andando – on foot

Querido amigo:
Voy al Instituto Calderón pero solamente por las tardes. Por la mañana trabajo desde las ocho hasta las dos. Soy camarero. Me levanto a las seis y voy al bar en autobús. Empiezo el trabajo a las ocho y a las dos como en el bar y voy al instituto. Por la tarde las clases duran 50 minutos y hay dos recreos de quince minutos. Terminamos a las diez y media. Es muy difícil porque no tengo tiempo para los deberes. Estudio los fines de semana pero no tengo tiempo durante la semana. También, me gustan la música y el deporte pero no tengo tiempo para hacer las actividades.

Un abrazo,
Pedro

tiempo – time
para hacer – to do

Cross-topic words

una vez/dos veces a la semana – *once/twice a week*

9D ¿Qué opinas tú?

- say what subjects you like and dislike, and why
- use e ('and') before i/hi and u ('or') before o/ho

1 a 🔊 Escucha las opiniones. Hay cinco errores. Escribe el número de las frases falsas.

1. Me gusta mucho la geografía. El profesor es muy divertido.
2. No me gusta el alemán porque es muy aburrido.
3. Me gusta mucho la tecnología. Es útil e importante.
4. Se me dan bien las matemáticas. Son fáciles.
5. Mi día favorito es el sábado. No hay colegio.
6. Me gustan los jueves. Tengo francés e inglés.
7. Mis asignaturas favoritas son informática e historia.
8. No se me da bien la física. Es superdifícil.
9. Mi profesor de religión es muy simpático.
10. No me gusta el deporte.

Gramática: y > e

y ('and') changes to e when it comes before i and hi, e.g. francés **e** inglés.

1 b 📖 Pon las frases en orden para hacer un diálogo.

Porque hay inglés e historia. Me gustan los profesores de inglés e historia.

Es el martes.

¿Por qué?

¿Cuál es tu día favorito en el colegio?

¿Por qué?

Inglés.

¿Cuál es tu asignatura favorita?

Me encanta el inglés porque es divertido y muy interesante.

Odio la física y la química porque son difíciles y aburridas.

¿Por qué?

Física y química.

¿Qué asignaturas no te gustan?

1 c 💬 Habla con tu pareja. Usa las preguntas en 1b. Da más detalles.

A ¿Cuál es tu día favorito en el colegio?
B *Es el jueves.*
A ¿Por qué?
B …

2 ✏️ Contrarreloj ⏱️
¿Cuántas frases puedes hacer en un minuto?

Me gusta(n)…	porque	es	útil(es).
No me gusta(n)…		son	fácil(es).
Me encanta(n)…			difícil(es).
Odio			interesante(s).
Se me da(n) bien…			divertido/a/os/as.
No se me da(n) bien…			aburrido/a/os/as.

3 ✏️ ¡extra! Learning a word means being able to say it, translate it, write it and use it. It is easier to learn vocabulary in context. To practise, put the following words into sentences.

mixto   las asignaturas   los martes

divertido   fácil   dos veces a la semana

la química   el alumno   las aulas

Resumen

El cole • 9

En el colegio
el instituto femenino/ masculino/mixto
el profesor/la profesora
el alumno/la alumna
la sala de profesores
el gimnasio
las aulas
el patio
el campo de deportes
la biblioteca
la sala de ordenadores
el comedor
los laboratorios
el horario

At school
girls'/boys'/mixed secondary school
teacher
pupil
staff room
gym
classrooms
playground
playing field
library
computer room
dining room
laboratories
timetable

Los números 100–1000
ciento/cien
doscientos diez
trescientos veinticinco
cuatrocientos
quinientos
seiscientos
setecientos
ochocientos
novecientos
mil

Numbers 100–1000
100
210
325
400
500
600
700
800
900
1000

Las asignaturas
el inglés/el francés
el alemán/el español
las matemáticas
las ciencias/la biología

School subjects
English/French
German/Spanish
Maths
Sciences/Biology

la física/la química
la geografía/la historia
la cocina/la tecnología
el deporte/la gimnasia
el dibujo/la religión
la música
la informática

Physics/Chemistry
Geography/History
Cookery/Technology
Sport/Gymnastics
Art/RE
Music
ICT

La rutina escolar
Las clases empiezan a…
Las clases terminan a…
Las clases duran… minutos
Llego al colegio a…
Vuelvo a casa a…
Voy al club de rugby una vez/ dos veces a la semana

School routine
Lessons begin at…
Lessons finish at…
Lessons last… minutes
I arrive at school at…
I return home at…
I go to the rugby club once/twice a week

Actividades
el club de fútbol
el club de informática
el club de teatro
el coro/la orquesta
el club de atletismo
el club de ajedrez
el club de baloncesto

Activities
football club
computer club
drama club
choir/orchestra
athletics club
chess club
basketball club

Opiniones
Es…
    fácil/difícil
    útil/interesante
    divertido/aburrido
(No)se me da(n) bien …

Opinions
It is…
    easy/difficult
    useful/interesting
    enjoyable/boring
I'm (not) good at …

Gramática:
Numbers 100–1000   mil doscientos, ochocientos

Time:
A la una	y cinco	A las dos	menos veinticinco
	y diez		menos veinte
	y cuarto		menos cuarto
	y veinte		menos diez
	y veinticinco		menos cinco
	y media		

Cross-topic words
primero – *first*
luego – *then, next*
entonces – *then*
finalmente – *finally*
una vez/dos veces a la semana – *once/twice a week*

¡Así se hace!

★ *Gimnasia mental* – practising numbers
★ Pronunciation and spelling
★ Structuring sentences using words like *primero* and *entonces*.

10 En la oficina de turismo

10A ¿Tiene un folleto, por favor?

- ask for information at the tourist office
- learn how to use the polite 'you'

1 a 🔊 Escucha (1–6) y lee. Empareja los diálogos y los dibujos.

1
Hola, buenos días.
Buenos días.
¿Tiene usted un plano de la ciudad?
Aquí tiene. ¿Algo más?
Sí. Una lista de hoteles, por favor.
Vale.
Gracias.
Adiós.

2
Buenas tardes.
Buenas tardes.
¿Tiene un folleto de excursiones, por favor?
Sí. Aquí tiene.
¿Y tiene una lista de restaurantes?
Sí, señorita.
Gracias. Adiós.
Adiós.

3
¡Hola!
¡Hola! ¿Tiene usted un mapa de la región?
Sí. Y estamos aquí.
Gracias.
Adiós.

4
Buenos días. ¿Tiene un horario de trenes?
¿Para ir a Madrid?
Sí.
¿Algo más?
No, nada más. Gracias, adiós.

5
Por favor, ¿tiene una lista de restaurantes?
No, pero aquí hay un plano de la ciudad y hay unos restaurantes.
Vale, ¿y un folleto de excursiones?
Lo siento, no hay.
Vale, adiós.

6
¿Tiene un horario de trenes?
No hay estación. ¿Quiere usted un horario de autobuses?
Sí, gracias.
Adiós.

Gramática: *usted* – 'you'

Usted (singular) and **ustedes** (plural) express the polite form of 'you'. They are used in formal situations like going to a bank, ordering food, etc.

Usted takes the third person singular of the verb (the 'he'/'she' form) and *ustedes* takes the third person plural of the verb (the 'they' form).

¿Tiene usted un folleto, por favor?
Do you have a brochure, please?

¿Tienen ustedes un folleto, por favor?
Do you have a brochure, please?

En la oficina de turismo • 10

1 b 🗨 Habla con tu pareja y cambia las palabras.

A Buenos días.
B *Buenos días. ¿Tiene un horario de trenes?*
A *Sí, aquí tiene. ¿Algo más?*
B *Sí, una lista de cines.*
A Gracias.
B *Adiós.*

¿Tiene	un plano	del de la	pueblo? ciudad?
	un mapa	de la	región?
	un horario		trenes? autobuses?
	un folleto una lista	de	excursiones? hoteles? hostales? campings? restaurantes?

¡Así se hace! Practising dialogues

- Practise the dialogue as many times as you can, making changes each time and changing roles. This is not a difficult dialogue and you should be able to memorise it.

- Write down or draw the English for the items you want to ask for. Then close your book.

Try not to refer to the book when you practise the dialogues.

The reasons for this are:

1 You will remember it better.
2 You will speak more fluently and confidently if you get used to working without the text.
3 You will not be so tied to one way of saying things. For example, if you are asking for a town plan, you could ask in a number of different ways that are all correct:

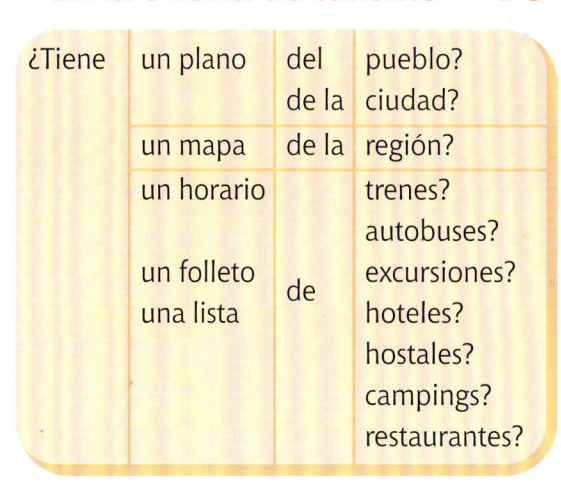

Quisiera un plano de la ciudad, por favor.
¿Tiene un plano, por favor?
Un plano, por favor.
¿Me da un plano?

1 c 🗨 ¡extra!

The four ways of asking for something can be used in many situations, for example when buying food, stationery or furniture. Invent new dialogues with these topics.

Ejemplo:

A *¿Tiene una lámpara roja, por favor?*
B *No, pero tengo una lámpara blanca.*

2 a 📖 Lee y rellena el cuadro.

Nombre	Destino	Mes	Tiempo	Necesita
Ursula	Bogotá			
Marisol		agosto		

Estimado señor:
Vamos a pasar una semana en Bogotá en julio. **Necesito** una lista de hoteles, un plano de la ciudad y un folleto de actividades y excursiones. Nos gusta visitar monumentos históricos e ir a conciertos.
Agradeciéndole de antemano, le saluda atentamente,
Ursula Benavente

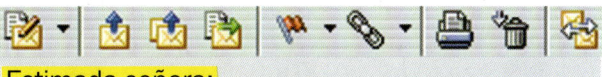

Estimada señora:
Le escribo para pedir información sobre la región de Cantabria. **Voy a pasar** quince días con mi familia en agosto. **Necesito información sobre** la región: un mapa de la provincia, una lista de campings y un folleto sobre Santander y Santillana.
Atentamente,
Marisol Estrada Jiménez

2 b ✏️ ¡extra!
Escribe una carta electrónica a una oficina de turismo. *(The phrases you can reuse have been highlighted.)*

⚙ Cross-topic words

¿Tiene…? – *Have you got…?*   **¿Algo más?** – *Anything else?*

noventa y uno

10B ¿Por dónde se va?

- ask the way and give directions
- say where places are
- learn how to use polite commands

¡nuevo!

el aparcamiento	el museo
el ayuntamiento	el palacio
el castillo	el puerto
la catedral	el monumento
la iglesia	Correos
la comisaría	la plaza
la playa	el hotel

1 Escucha (1–8). Mira el plano y escribe la letra.

Ejemplo: 1 G

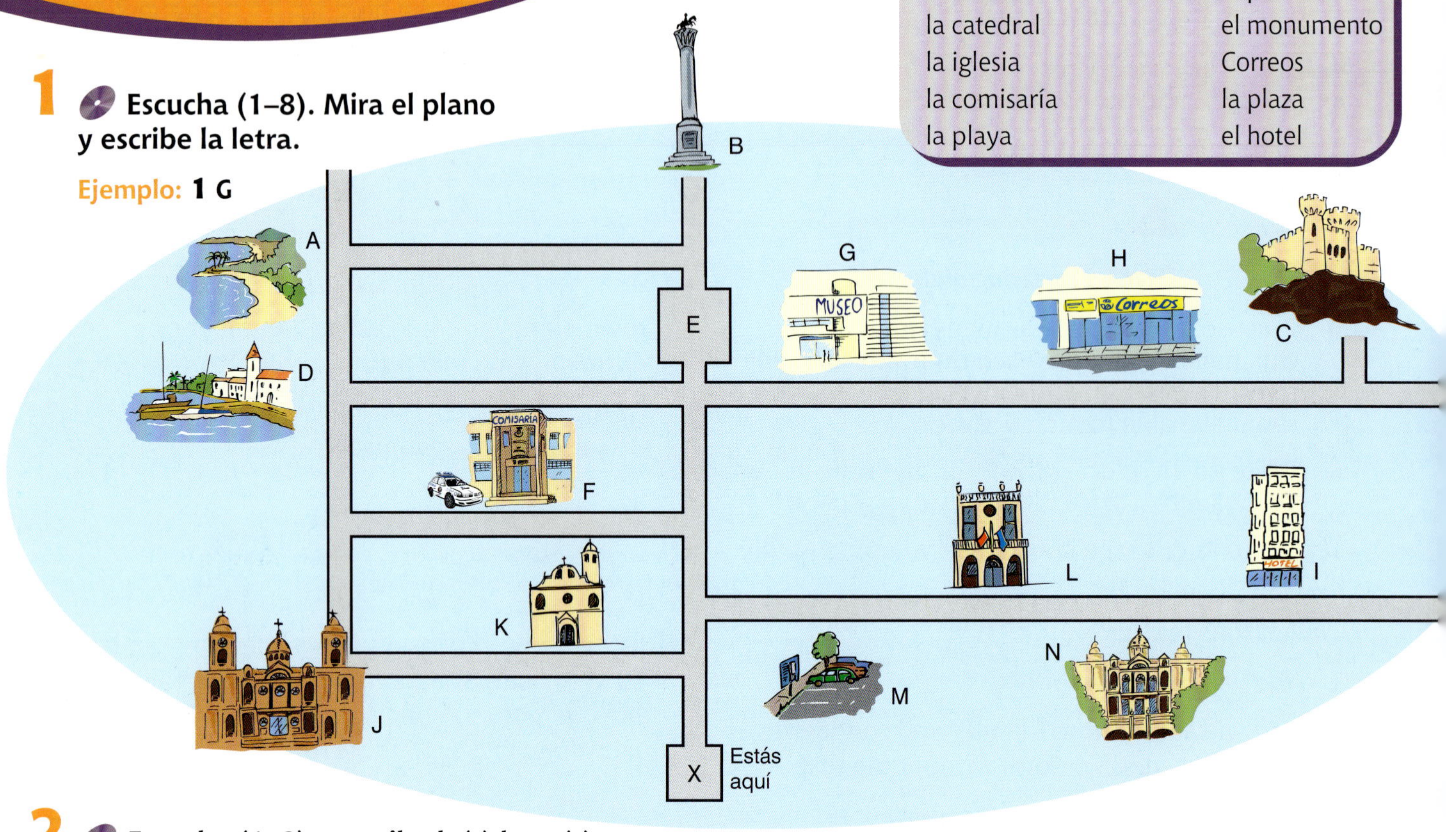

X Estás aquí

2 Escucha (1–8) y escribe la(s) letra(s).

Ejemplo: 1 I

- **A** Siga todo recto.
- **B** Baje la calle. 
- **C** Cruce la plaza. 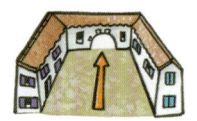
- **D** Cruce el puente. 
- **E** Está a la izquierda. 
- **F** Está a la derecha. 
- **G** Tuerza a la derecha. 
- **H** Tuerza a la izquierda. 
- **I** Tome la primera calle a la izquierda.  
- **J** Tome la primera calle a la derecha. 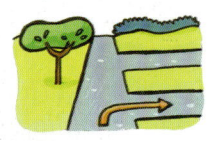
- **K** Tome la segunda calle a la derecha. 
- **L** Tome la segunda calle a la izquierda. 
- **M** Tome la tercera calle a la izquierda. 

Gramática: commands

You often hear familiar commands during a Spanish lesson, for example when the teacher asks someone to close the door: *Cierra la puerta*.

When talking to an adult or someone you don't know very well, you address them in the third person (using the *usted* form of the verb). Here are some singular formal commands:

hablar	beber	escribir
hable	beba	escriba

92 noventa y dos

En la oficina de turismo • 10

3 a Escucha (1–7). Mira el plano y sigue las direcciones. ¿Adónde van?

Ejemplo: **1** al castillo

3 b Habla con tu pareja. Usa el plano.
- **A** ¿Por dónde se va a la comisaría?
- **B** *Tome la segunda calle a la izquierda y está a la derecha.*
- **A** Gracias.
- **B** *De nada, adiós.*

4 Escribe direcciones para un amigo español.

Ejemplo: **1** Baje la calle, tome la segunda calle a la izquierda y la primera a la derecha y está a la derecha.

¿Por dónde se va	al (museo?)	
	a la (comisaría?)	
Siga todo recto.		
Baje la calle.		
Cruce	el puente.	
	la plaza.	
	calle.	
Está	a la	izquierda.
Tuerza		derecha.
Tome	la primera	calle.
	segunda	
	tercera	
	cuarta	

1 Go down the street, take the second on the left, then the first on the right and it's on your right.

2 Cross the bridge, go down the road, turn right and second left.

3 Go straight on and it is on your left beside the cinema.

4 Take the third road on the right and turn left. It is straight ahead.

5 Go down the road, turn right and left. It is on your right.

5 a Une las frases y los dibujos.

Ejemplo: **a 3**

- **a** Está cerca – a cien metros.
- **b** A quinientos metros.
- **c** Está a cinco minutos andando.
- **d** Está lejos – a diez kilómetros. Está a diez minutos en coche.
- **e** A dos kilómetros, diez minutos en coche.
- **f** Está bastante cerca – a un kilómetro.
- **g** A media hora en autobús.

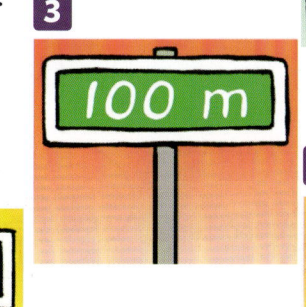

5 b ¡extra! Escribe direcciones de tu colegio a tu casa para tu amigo español.

noventa y tres **93**

10C ¿Qué hay de interés?

- ask about places of interest
- ask about opening and closing times
- revise ways of understanding new words

1 📖 Mira la información sobre cuatro ciudades. Une las ciudades con las personas A–D.

Sitges
Ciudad bonita con playa y paseo marítimo. Atrae turismo internacional y a ricas familias españolas. Casco antiguo con ruinas del castillo y catedral. (12.000 habitantes)

Sevilla
La gran capital de Andalucía, industrial, turística, animada y ruidosa. Arte y arquitectura de los romanos y de los árabes. Hay un monumento histórico que se llama la Giralda, el minarete de la antigua mezquita. También hay una catedral famosa construida en el siglo 15. Hay jardines impresionantes y muchos museos de todo tipo. Hay que visitar las fiestas espectaculares en abril. (700.000 habitantes)

---

fui – *I went*
lo pasé muy bien – *I had a good time*
me encantó – *I loved it*
vi – *I saw*
visité – *I visited*
el casco antiguo – *the old part (of town)*
la mezquita – *mosque*
el siglo – *century*
el alcázar – *fortress*

¡Así se hace! Understanding new words (revision)

On this page there is a lot of information that is typical of tourist brochures. Here are some tips for understanding new words:

– Try to anticipate what language you are expecting to find from the topic/context (opening times, prices, descriptions of buildings, history).

– Look at any pictures. They may give you a clue as to what is being described.

– Look for words that you can understand and words that are similar to English (or any other language that you know).

– Decide what words you still need to look up and only then, reach for the dictionary.

● Go back over **1** and look at **3** and write down what strategies for understanding new words you are using. Compare your list with your partner's.

A Me interesa la historia y el arte de los árabes. Me gustaría visitar unos edificios religiosos. También me gustan las fiestas. Fui a Granada en abril y me encantó.

B Nos gustan el campo y la naturaleza y estar al aire libre. No nos gustan las ciudades grandes. Vi un documental sobre los Pirineos y me gustaría ir.

C Nos interesa pasar unos días en la costa. A los niños les gusta la playa y a nosotros nos gusta pasear. El año pasado fui a Benidorm y lo pasé muy bien.

D Me fascina la historia, en particular los romanos. Visité el Coliseo en Roma en agosto. No me gustan las ciudades grandes.

2 🔊 Escucha (1–4). ¿Qué hay de interés?

Ejemplo: **1** Palacio, castillo…

En la oficina de turismo • 10

ANDORRA LA VIEJA

Capital del Principado de Andorra. Situado en los Pirineos. Popular con los turistas que aman el paisaje, las montañas y el esquí. Visita el Lago de Engolasters a nueve kilómetros. (17.000 habitantes)

SEGOVIA

Ciudad histórica con su acueducto romano, sus iglesias románicas muy bonitas y su alcázar. Situada a unos cien kilómetros de Madrid. (55.000 habitantes)

3 ¿Verdad (V) o mentira (M)?
1. Se puede visitar el Museo Nacional de Escultura los lunes.
2. El Museo Provincial de Arte se cierra a las seis.
3. Se puede visitar el monasterio los lunes.
4. El Museo Nacional de Escultura se abre los domingos por la tarde.
5. Se abre el Museo Provincial de Arte a las tres de la tarde.

Museo Nacional de Escultura
Visita de 11h a 18h de abril a septiembre. Cerrado los miércoles y domingos por la tarde. Abierto todos los días en julio y agosto. 4€, gratuito para los españoles.

El castillo
Visita solamente los domingos de 10h a 13h. 2€.

Museo Provincial de Arte
Visita de 10h a 14h y de 16h a 18h. Cerrado los domingos y festivos por la tarde y los lunes. 5€.

El monasterio de San Cugat
Visita los viernes, domingos y festivos de 12h a 14h y de 16h a 19h, el resto de la semana de 9 a 13. Cerrado los lunes.

4 Habla con tu pareja. Usa la información en 3. **Cambia** las palabras.

Ejemplo:
A Perdón, señor. ¿A qué hora se abre el Museo Nacional por la mañana?
B *Se abre a las once.*
A ¿Y a qué hora se cierra?
B *A las seis de la tarde.*
A ¿Está abierto todos los días?
B *No, está cerrado los miércoles y domingos.*
A Gracias.

Pronunciación: vowel sounds
In Spanish, the vowels (a, e, i, o, u) are the same length and are always pronounced in the same way.

- *Practise these sentences with your partner until you can say them all quickly and with a good accent. Try to memorise them.*

Ana y Alicia van andando a Alicante.
Enrique y Ernesto son elefantes enormes.
Visitan iglesias interesantes en Ibiza.
¡Hola Olivia! ¡Hola Alonso!
La unidad más útil es la unidad uno.

Cross-topic words
se abre – it opens
se cierra – it closes

noventa y cinco 95

10D ¿Qué hiciste?

- say what you did on holiday
- recognise the preterite tense
- use the preterite of *ir* (to go)

1 a Lee y escribe los números de las actividades que se mencionan.

Ejemplo: A 12, 9…

A

¡Hola!

Estoy en Barcelona. Ayer visité el parque de atracciones de Montjuich. Fui a la piscina del puerto por la noche. Por la mañana fui de compras a El Corte Inglés. Comí en el restaurante en la primera planta.

¿Y tú? ¿Fuiste a Barcelona?

Besos,

Ana María

B

Martes, 11 de agosto

El sábado fui al cine con Juan. Vi una película romántica. Después comí con mis padres en el restaurante del hotel. El domingo fui al estadio y vi un partido de fútbol. Me gustó mucho. Ayer fui a la playa y tomé el sol.

Hasta pronto,

Nuria

C

¡Hola!

Estoy en el hotel. Llueve todo el tiempo. Ayer leí un libro y por la mañana jugué con mis videojuegos y navegué por Internet. Hablé con mis amigos por teléfono y escribí unas tarjetas. Escuché música también.

Rafa

1 b Escucha (1–4). Escribe los números de las actividades que se mencionan. Apunta información extra si puedes.

2 a Rellena los espacios con *fui*, *fuiste*, *fue* o *fuimos*.

Lérida, 15 de agosto

Querida amiga:

(…) de vacaciones a Francia con mi amiga Ana. Vive en París.

(…) en coche. (…) en julio por una semana. París es muy turístico. Visité la Torre Eiffel y el Arco del Triunfo. También (…) a unos museos y el Palacio de Versailles. A Ana no le gustan los museos. ¡Ella (…) a la piscina!

Me gusta la playa. A Ana también. El año pasado, (…) a la costa. (…) por dos días.

¿Y tú?, ¿Adónde (…) de vacaciones?

Un saludo,

Luisa

Gramática: the preterite tense

The preterite describes a single action or completed action in the past:

e.g. '**I wrote** a letter', '**I went** to the cinema'.

- Find the 'I' form of the following verbs in the postcards above:

  visitar, jugar, navegar, comer, leer, escribir, ver.

Here is the preterite of a common irregular Spanish verb: *ir* (to go)

fui	I went	**fuimos**	we went
fuiste	you went	**fuisteis**	you (pl) went
fue	he/she/ you went	**fueron**	they went

Cross-topic words

ayer – *yesterday*

Resumen

En la oficina de turismo • 10

En la oficina de turismo
¿Tiene…
  un mapa de la región?
  un plano de la ciudad?
  un horario de trenes/ autobuses?
  un folleto?
  una lista de hoteles y hostales?
  una lista de excursiones?
  una lista de campings?

Voy a pasar quince días/
  un mes/un fin de semana
Vamos a alojarnos en un hotel/hostal/camping
¿Qué hay de interés para visitar?
¿Hay monumentos históricos?
¿A qué hora se abre/cierra?

In the tourist office
Have you got…
  a map of the region?
  a town plan?
  a train/bus timetable?
  a leaflet?
  a list of hotels and boarding houses?
  a list of trips?
  a list of campsites?

I am going to spend a fortnight/ a month/a weekend
We are going to stay in a hotel/hostel/campsite
What is there of interest to visit?
Are there any historic monuments?
What time does it open/close?

Una carta
Muy señor mío:
Le ruego me envíe…
Escribo para pedir información sobre…
Agradeciéndole de antemano, le saluda atentamente
Atentamente

A letter
Dear Sir,
Please send me…
I am writing to ask for information about…
Thanking you in anticipation, yours sincerely,

Yours truly,

Pidiendo direcciones
Perdón, señor. ¿Por dónde se va a…?
Suba la calle
Baje la avenida
Pase por el puente
Tome la primera calle a la izquierda
Siga todo recto
Tuerza a la derecha
Cruce la plaza
Está a la derecha/izquierda

Asking for directions
Excuse me. How do I get to…?
Go up the street
Go down the avenue
Go over the bridge
Take the first street on the left
Go straight on
Turn right
Cross the square
It's on your right/left

En el pueblo
el aparcamiento
el ayuntamiento
el castillo
la catedral/la iglesia
la comisaría/Correos
el museo/el palacio
el puerto/el monumento

In the town
car park
town hall
castle
cathedral/church
police station/post office
museum/palace
port/monument

¿Qué hiciste?
visitar (visité)
cenar (cené)
llegar (llegué)
sacar (saqué) fotos
tomar (tomé) el sol

What did you do?
to visit (I visited)
to have dinner (I had dinner)
to arrive (I arrived)
to take photos (I took photos)
to sunbathe (I sunbathed)

Gramática:

The polite form of 'you'	*usted* (singular) *ustedes* (plural)	
Commands – the polite singular form	*hablar*: *hable* *beber*: *beba* *escribir*: *escriba*	speak drink write
The preterite tense of *ir*	fui fuiste fue	I went you went he/she went
	fuimos fuisteis fueron	we went you went they went

¡Así se hace!
★ Practising dialogues and improving fluency
★ Strategies for understanding new words

Cross-topic words
¿Tiene …? – *Have you got…?*
¿Algo más? – *Anything else?*
cerca – *nearby*   **se abre** – *it opens*
se cierra – *it closes*   **ayer** – *yesterday*

noventa y siete 97

Repaso

Unidades 9 y 10

¿Problemas? Mira las páginas 84 y 95.

1 🎧 Escucha (1–4). Mira los horarios de Conchita, Alejandro e Isabel. ¿De quién es el horario?

Conchita	LUNES	MARTES
9–10	física	francés
10–11	deporte	informática
11–1.15	RECREO	RECREO
11.15–12.15	química	tecnología
12.15–1.15	informática	religión
1.15–3.30	COMIDA	COMIDA
3.30–4.30	deporte	inglés
4.30–5.30	biología	historia

Alejandro	LUNES	MARTES
9–10	física	francés
10–11	biología	tecnología
11–11.15	RECREO	RECREO
11.15–12.15	dibujo	cocina
12.15–1.15	informática	religión
1.15–3.30	COMIDA	COMIDA
3.30–4.30	deporte	geografía
4.30–5.30	química	historia

Isabel	LUNES	MARTES
9–10	física	francés
10–11	química	informática
11– 1.15	RECREO	RECREO
11.15–12.15	alemán	matemáticas
12.15–1.15	informática	inglés
1.15–3.30	COMIDA	COMIDA
3.30–4.30	deporte	tecnología
4.30– 5.30	biología	historia

2 💬 Haz diálogos con tu pareja basados en los horarios arriba.

- **A** ¿Qué tienes los lunes por la mañana?
- **B** *Tengo física y luego deporte.*
- **A** ¿Y después del recreo?
- **B** *Química e informática.*
- **A** ¿Te gustan?
- **B** *Me gusta la química pero no me gusta la informática.*

3 📖 Mira la información turística en la página 99. ¿Adónde fueron los turistas?

- **a** Fui el martes. Se abre temprano, a las nueve. Paseé por las calles. Se puede visitar ejemplos de casas de toda España. Tomé un café y compré unos regalos típicos para mi familia.
- **b** Fuimos en metro el sábado. Es impresionante ver las luces y las fuentes. Es espectacular.
- **c** Fuimos a la iglesia más famosa de Barcelona. La construcción empezó hace más de cien años. Cogimos el autobús desde nuestro hotel y llegamos en un cuarto de hora.
- **d** Pasamos tres noches en el parque de atracciones. Nos alojamos en uno de los hoteles que se llama El Paso. El estilo es mejicano. Hay muchos espectáculos y por la noche hay fiestas.

4 ✏️ Rellena los espacios.

Mi colegio se llama (…).

Está en (…). Es (…). Tiene (…) alumnos y (…) profesores.

En el colegio hay (…). No hay (…).

Normalmente me levanto a (…) y voy al colegio a (…). Llego a (…). Las clases empiezan a (…) y duran (…) minutos. Hay recreo a (…). Como en (…). Las clases empiezan por la tarde a (…) y terminan a (…). Vuelvo a casa a (…) y por la tarde (…).

¡Visita Barcelona!

Ciudad cultural, histórica y espectacular

FUENTE MÁGICA DE MONTJUICH

Espectáculo de luz, agua y color. Detrás, el Palacio Nacional y situada cerca de la Plaza de España es una vista espléndida.

Entrada
Gratuita

Abierto
octubre a mayo, sábado 19:00

PUEBLO ESPAÑOL DE MONTJUICH

Se representa arquitectura de las distintas regiones de España. Hay tiendas de artesanía, restaurantes, bares, fiestas y discotecas.

Entrada
Adultos 7,00€
Niños (7–12) 3,70€

Metro L1, L3
Autobús 13, 50

Abierto
lunes 09:00–20:00
martes–jueves 09:00–02:00
viernes + sábado 09:00–04:00
domingo 09:00–00:00.

LA SAGRADA FAMILIA

El símbolo más emblemático de Barcelona. Su construcción empezó en 1882. Gaudí dedicó cuarenta años de trabajo en construirla hasta su muerte en 1926. Otros arquitectos tratan de terminar el trabajo.

Entrada
individual 6,00€
individual y visita guiada 9,00€
carnet joven/estudiante 4,00€

Metro L2, L5
Autobús 19, 34, 35, 43, 44

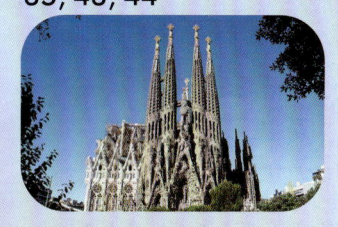

Abierto lunes a domingo
de 9 a 18 (ene, feb, nov, dic)
de 9 a 19 (mar, sep, oct)
de 9 a 20 (abr, ago)

Fuera de Barcelona
PORT AVENTURA

Enorme parque de atracciones de Universal Studios. Situado cerca de Salou. Visita los 5 continentes: Costa Caribe, Fantasía Mágica de China, Polinesia, México… Hay hoteles, restaurantes y tiendas. Compra tu Pase Anual para recibir entradas gratuitas y eventos exclusivos.

Entrada
+ 13 años 30,00€
5–13 y + 60 años 20,00€

Abierto
15 mar–22 jun 10:00–19:00
23 jun–16 sep 10:00–24:00
17 sep–06 ene 10:00–19:00

En coche: una hora en autopista
En autocar: líneas hasta Universal Mediterránea.
En tren: trenes hasta la estación Universal Mediterránea.
En avión: el aeropuerto de Reus está a diez minutos en coche.

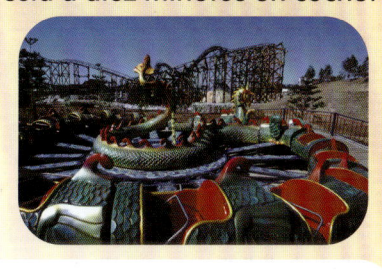

---

1 📖 Mira la información sobre Barcelona. Di si las frases son verdad (V) o mentira (M). Corrige las frases falsas.

Ejemplo: La Fuente Mágica cuesta 19€. (M.) La Fuente Mágica es gratuita.

1. No se puede visitar Port Aventura en febrero.
2. Se puede visitar los cinco continentes.
3. Se puede ir en tren a Port Aventura.
4. El Pueblo Español tiene casas antiguas de toda España.
5. La Sagrada Familia está cerrada los domingos.
6. Cuesta 21,40€ para dos adultos y dos niños de 9 años en el Pueblo Español de Montjuich.

2 📖 Escribe los precios para los turistas siguientes:

Ejemplo: 1 40€

11 La ropa

11A ¿Qué ropa te gusta?

- say what you like and don't like wearing
- revise rules on the use of adjectives; say more/less than

1 Une los dibujos con las palabras.

Ejemplo: **1** B

Me gusta llevar...

1. unos pantalones negros
2. unos vaqueros azules
3. una camisa blanca
4. una camiseta rosa
5. una chaqueta naranja
6. una falda verde
7. un vestido rojo
8. un abrigo gris
9. unos calcetines lila
10. unas medias amarillas
11. unos zapatos marrones
12. unas botas negras
13. unas zapatillas de deporte blancas
14. un jersey amarillo

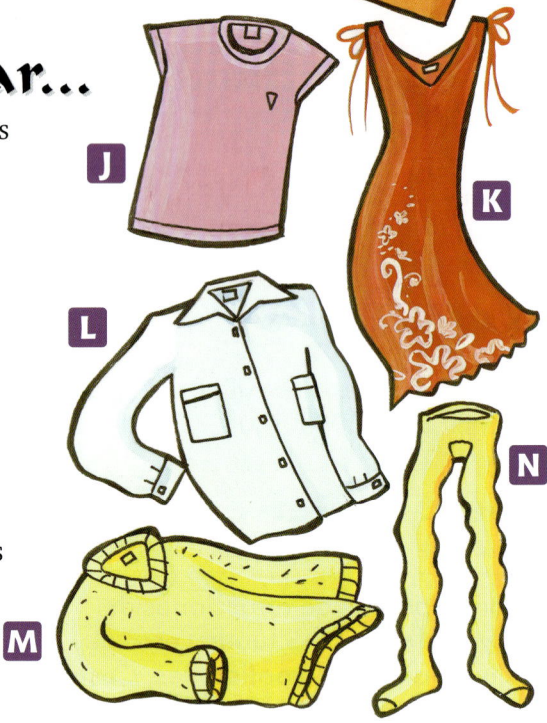

Grámatica: *me gusta(n)*

Remember!

*Me gust**a*** + singular noun: *Me gusta el jersey amarillo.*
*Me gust**an*** + plural noun: *Me gustan las botas negras.*

2 Escucha (1–5). ¿Qué ropa les gusta 🙂 o no les gusta ☹?

Ejemplo: **1** Inés 🙂 los vaqueros azules
☹ los vestidos negros

3 ¿Y tú? ¿Qué prefieres? Escribe un párrafo.

🙂	☹
Me gusta(n) (mucho)…	No me gusta(n)…
Me encanta(n)…	Detesto…
Me gusta llevar…	Odio…
Prefiero llevar…	No me gusta llevar…

🙂			
porque	es	un poco	elegante/es.
porque pienso que	son	bastante	bonito/a/os/as.
		muy	precioso/a/os/as.
porque creo que		demasiado	cómodo/a/os/as.

☹			
porque	es	un poco	horrible(s).
porque pienso que	son	bastante	incómodo/a/os/as.
porque creo que		muy	formal(es).
		demasiado	

100 cien

La ropa • 11

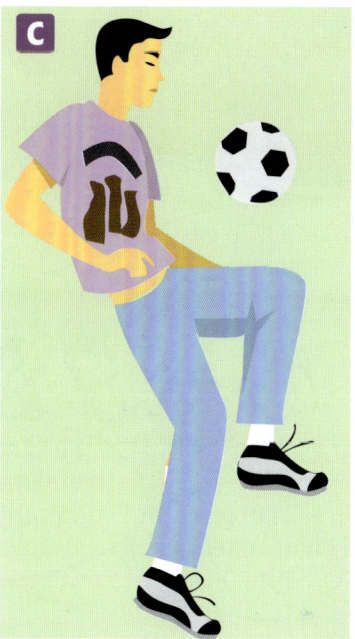

4 a 📖 **Empareja las descripciones y los dibujos.**

1. Me gusta mucho llevar camisetas. Mi camiseta favorita es lila, y tiene un dibujo de mi grupo pop favorito. Me encanta llevar vaqueros también, de color azul, y calcetines blancos con zapatillas de deporte. ¡Son más cómodos que los zapatos!
2. Me encantan los vestidos, porque son más elegantes que los pantalones. Mi vestido favorito es rojo y blanco y es precioso. Me encantan los zapatos rojos y me gusta llevar medias. Detesto las zapatillas de deporte con calcetines; creo que son menos femeninas.
3. Me gusta mucho llevar una falda azul y una camisa lila. Creo que es muy elegante. Prefiero llevar faldas con botas y medias, pero las botas son menos cómodas que las zapatillas de deporte.

4 b ✏️ **Describe el otro dibujo.**

5 a 💬 **Habla con tu pareja.**

Ejemplo:
- **A** ¿Te gusta llevar vaqueros negros?
- **B** Sí, son cómodos. ¿Te gustan los jerseys naranja?

5 b 💬 **¡extra! Presenta a otra pareja.**

Ejemplo: **Le gusta llevar vaqueros negros.**

> **Gramática:** adjectival agreement (revision)
>
> **Type 1 (most adjectives)**
> They change their endings to match the noun in **gender and number**:
>
> | m sing | f sing | m pl | f pl |
> |---|---|---|---|
> | blanc*o* | blanc*a* | blanc*os* | blanc*as* |
> | amarill*o* | amarill*a* | amarill*os* | amarill*as* |
> | negr*o* | negr*a* | negr*os* | negr*as* |
> | roj*o* | roj*a* | roj*os* | roj*as* |
>
> **Type 2**
> They change their endings to match the noun in **number** but not gender:
>
> | m/f sing | m/f pl |
> |---|---|
> | azul | azul*es* |
> | verde | verd*es* |
> | marrón | marron*es* |
> | gris | gris*es* |
>
> **Type 3**
> They **do not change** their endings to match the noun in gender or number:
> naranja   lila   rosa

⚙️ **Cross-topic words**
detesto – *I detest*   **odio** – *I hate*

ciento uno **101**

11B ¿Qué llevaste ayer?

- say what you like wearing for different occasions; say what you wore yesterday
- use the preterite tense of *llevar*

¡Hola, María!

¿Qué tal, Pablo?

Muy bien, María. ¿Te vas pronto de vacaciones?

Sí, el martes, ¡qué bien! Ya tengo toda mi ropa lista.

¿Qué llevas en tus vacaciones?

Pues me gusta llevar pantalones cortos verdes, una camiseta blanca de tirantes y sandalias.

Y cuando voy a la playa, en verano, me gusta mucho llevar unas gafas de sol, un bañador de muchos colores y una gorra roja.

¿Y tú? ¿Qué prefieres llevar en tus vacaciones?

Bueno, me gusta también llevar gafas de sol, pero... llevo normalmente un abrigo gris, guantes azules, un sombrero de lana de colores, una bufanda naranja y unas botas negras.

Pero, el año pasado llevé unos pantalones azules y un abrigo azul: toda la ropa azul. ¡Aburrido!

Pero... ¿adónde vas de vacaciones normalmente, Pablo?

Normalmente voy a esquiar a la montaña... ¡en invierno!

¡Ah, claro!

1 a 🔵 Escucha y lee el diálogo.

1 b 📖 Busca las palabras en el texto.

Ejemplo: 1 de vacaciones

1. on holiday
2. I have all my clothes ready
3. a white, strappy T-shirt
4. sandals
5. When I go to the beach...
6. multicoloured
7. I normally wear...
8. Last year I wore...
9. Where do you normally go on holiday?

1 c 📖 Lee el texto otra vez. Di si las frases son verdad (V) o mentira (M).

Ejemplo: 1 M

1. María va de vacaciones el fin de semana.
2. A María le gustan los pantalones cortos verdes.
3. María prefiere las camisetas rojas de vacaciones.
4. María detesta las sandalias.
5. Para ir a la playa, María se pone un bañador de colores.
6. María nunca lleva gafas de sol.
7. Pablo lleva guantes normalmente en sus vacaciones.
8. Pablo lleva una bufanda negra.
9. Pablo llevó unos pantalones verdes el año pasado.
10. Pablo va de vacaciones a la playa normalmente.

1 d ✏️ ¡extra! Corrige las frases falsas.

Ejemplo: 1 María va de vacaciones el martes.

La ropa • **11**

2 📖 **¡extra!** Lee la carta. Une las palabras subrayadas con los dibujos.

¡Hola, Jenny!

¿Qué tal? Yo estoy muy bien.

¿Qué ropa te gusta llevar? A mí me encanta la ropa. Para mis vacaciones me gusta llevar un vestido <u>de rayas</u> verdes y azules, unas gafas de sol y unas sandalias negras <u>de tacón alto</u>. Cuando hace frío llevo mi chaqueta preferida <u>de flores</u> amarillas.

Los fines de semana, cuando juego al tenis, me gusta llevar mis pantalones cortos <u>de lunares</u> negros, con una camiseta <u>de manga corta</u>. Pero cuando salgo con mis amigas por la noche prefiero los tops sin mangas. En invierno, cuando hace frío, prefiero llevar un jersey de lana <u>de manga larga</u>, y cuando voy de compras prefiero los <u>zapatos planos</u>. Ayer al colegio llevé unos pantalones <u>azul oscuro</u> y una camiseta <u>rosa claro</u>. ¡En España no llevamos uniforme! También me encantan los vestidos <u>de cuadros</u>.

Escríbeme pronto y dime qué ropa te gusta.

Un abrazo,

Inés

3 a 💿 Escucha (1–3). ¿Qué ropa llevaron ayer? Empareja con los dibujos A–D. **¡extra!** Describe el otro dibujo.

3 b 💬 Habla con tu pareja.

A ¿Qué llevaste ayer?
B Llevé unos vaqueros negros. ¿Y tú?

Gramática: the preterite of –ar verbs

llevar	**to wear**
llev**é**	I wore
llev**aste**	you wore
llev**ó**	he/she wore

4 ✏️ Escribe qué ropa prefieres llevar. Usa la carta de Inés como modelo si quieres.

Para mis vacaciones	llevo	un...
Cuando hace frío	me gusta llevar	una...
Los fines de semana	me encanta llevar	unos...
Cuando salgo con mis amigos		unas...
En verano/En invierno/Al colegio		
Ayer	llevé	

ciento tres **103**

11C ¿Me lo puedo probar?

- learn what to say when you shop for clothes
- learn how to use object pronouns
- learn how to listen for detail

1 Buenos días, ¿qué desea?

2 Hola. Busco unos pantalones, por favor.

3 Muy bien, ¿qué talla usa?

4 No estoy segura: la treinta y ocho, creo.

5 ¿De qué color le gustaría?

6 ¿Los tiene en negro?

7 Sí, aquí tiene.

8 ¿Me los puedo probar?

9 Por supuesto, el probador está a la derecha.

12 ¿Los tiene en la talla 40?

13 Sí, pero en azul.

14 A ver... sí, me gustan. Me los llevo.

15 ¿Cuánto son?

16 Son 30€.

17 Aquí tiene. Gracias, adiós.

18 Adiós.

1 a 🔊 Escucha y lee la conversación en una tienda de ropa.

1 b 📖 Lee la conversación otra vez. Contesta a las preguntas en inglés.
1. What is the girl looking for?
2. What colour does she want?
3. What size does she think she takes?
4. Where is the changing room?
5. What is the problem with the trousers?
6. What does the shop assistant offer instead?
7. How much are the trousers?

Gramática: direct object pronouns: 'it' and 'them'

Pronouns take the place of a noun and change according to the **number** and **gender** of the noun they refer to.

- Look at the dialogue in 1a again. How is 'them' translated in, for example, 'Can I try **them** on?' Why do you think it takes this form? Can you work out what it would be translated as if it were referring to a dress (un vestid**o**) instead of a pair of trousers (un**os** pantalon**es**)?

The forms are:

it	(m sing)	**lo**	Me gusta **el** abrigo. ¿Me **lo** puedo probar?
	(f sing)	**la**	¡**La** chaqueta es bonita! ¿Me **la** puedo probar?
them	(m pl)	**los**	Me encantan **los** calcetines. ¿Me **los** puedo probar?
	(f pl)	**las**	Me gustan **las** zapatillas. ¿Me **las** puedo probar?

104 ciento cuatro

La ropa • 11

¿Te quedan bien?

No, están un poco ajustados.

2 a Escucha (1–4) y copia y rellena el cuadro.

	Ropa/color	Talla	¿Problema?	Precio	¿Lo compra? sí/no
1					
2					

2 b ¡Así se hace! *Listening for detail*

- Listen to the four conversations again.

    How many different ways can you ask for something?
    How many ways can you ask how much something is?
    How many ways can you ask whether something fits?

- ¡extra! How do you say 'a discount' in Spanish?

3 Habla con tu pareja.

a

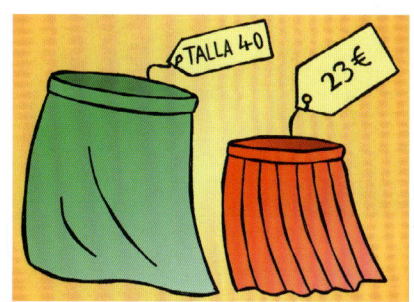

¿Qué desean? → Me gustaría una falda. / un jersey. / un vestido.

¿De qué talla? → Talla pequeña/mediana/grande. Talla 38/40/42

¿De qué color? → Azul / Amarillo / Verde… → Aquí tiene. → ¿Me lo/la/los/las puedo probar? → Sí, claro.

b

¿Cómo le quedan? →
- Bien, me lo/la los/las llevo.
- Muy bien, gracias.
- Está demasiado pequeño(a)/grande/ajustado(a)/holgado(a) corto(a)/largo(a). → ¿Tiene la talla…? ¿Lo/La/Los/Las tiene en rojo/azul?

c

Aquí tiene la talla 40. Tenemos la talla 38 en azul. → ¿Cuánto es? → Son 30€. → Gracias, adiós.

Cross-topic words

lo – him, it (masculine singular)   **la** – her, it (feminine singular)
los – them (masculine plural)   **las** – them (feminine plural)

ciento cinco 105

11D ¡Me encantan los monopatines!

- talk about skateboards and mountain bikes
- use known vocabulary in different contexts e.g. adverts

¡QUÉ GUAY!

65€

150€

1

Aquí te presentamos el último modelo de monopatín: modelo Diablo. La tabla es de rayas rojas y blancas, en pintura brillante y las ruedas son bastante pequeñas pero increíblemente fuertes y resistentes. Puedes hacer los mejores saltos posibles. ¡Vas a ser la envidia de todos tus amigos!

¡Solamente cuesta 65€!

2

La nueva bicicleta de montaña modelo Rayo va a entusiasmarte. Tiene un cambio de cinco marchas, un sillín extrasuave de colores verde y amarillo, y un chasis extraresistente, pero también muy ligero. Las ruedas son fantásticas. Puedes escoger tu chasis en color rojo, negro, azul o multicolor. ¡Tú escoges! Ésta puede ser tu bicicleta por el precio absurdo de 150€.

1 Lee y encuentra las palabras de abajo.

Ejemplo: **1** el último modelo

1. the latest model
2. skateboard
3. devil
4. board
5. bright paint
6. the wheels
7. envy
8. mountain bike
9. five gears
10. light (weight)
11. you can choose

Pronunciación: j z (r)r v b

Escucha (1–5) y repite.

1. Quiero unos **z**apatos **r**ojos.
2. **B**usco un **j**ersey **v**erde.
3. Me gustaría un a**b**rigo naran**j**a.
4. ¿Tienes una go**rr**a **r**osa o a**z**ul?
5. **V**oy a comprar unas **z**apatillas de deporte ma**rr**ones o **v**erdes.

2 Escribe tu propio anuncio para un monopatín o una bicicleta de montaña. Puedes usar un diccionario. Incluye una foto o un dibujo.

Resumen

La ropa • 11

La ropa
unos pantalones negros
unos vaqueros azules
una camisa blanca
una camiseta rosa
una chaqueta naranja
una falda verde
un vestido rojo
un abrigo gris
unos calcetines lila
unas medias amarillas
unos zapatos marrones
unas botas negras

Clothes
some black trousers
some blue jeans
a white shirt
a pink T-shirt
an orange jacket
a green skirt
a red dress
a grey coat
some lilac socks
some yellow tights
some brown shoes
some black boots

Opiniones
(No) me gusta llevar
Es muy elegante/bonito
   precioso/cómodo
   horrible/incómodo
   formal/holgado

Opinions
I (don't) like to wear
It is very elegant/pretty
   gorgeous/comfortable
   horrible/uncomfortable
   formal/baggy

De vacaciones
unos pantalones cortos
una camiseta de tirantes
unas sandalias
unas gafas de sol
un bañador
una gorra
unos guantes
un sombrero de lana
una bufanda

On holiday
some shorts
a strappy T-shirt
some sandals
some sunglasses
a swimming costume
a cap
some gloves
a woolly hat
a scarf

Descripciones
de (muchos) colores
azul oscuro
rosa claro
de cuadros/de lunares
de rayas/de flores
zapatos planos
de tacón alto
de manga larga
de manga corta
sin mangas

Descriptions
multicoloured
dark blue
light pink
checked/with polka dots
stripey/floral
flat shoes
high-heeled
long-sleeved
short-sleeved
sleeveless

Comprando ropa
¿Qué desea?
Busco unos pantalones, por favor
¿Qué talla usa?
La treinta y ocho
¿De qué color le gustaría?
¿Lo tiene en negro?
Aquí tiene
¿Me lo puedo probar?
¿Puedo probármelo?
¿Le quedan bien?
No, están un poco ajustados
Me lo llevo
¿Cuánto es?
Son 30€
Lo dejo, gracias

Shopping for clothes
What would you like?
I'm looking for some trousers, please
What size do you take?
Size 38
What colour would you like?
Do you have it in black?
Here you are
Can I try it on?
Can I try it on?
Do they fit/suit you?
No, they are a bit tight
I´ll take it
How much is it?
It is 30€
I'll leave it, thanks

Gramática:

Me gusta + singular noun	Me gusta el jersey amarillo.
Me gustan + plural noun	Me gustan las botas negras.
Three types of adjectives	negro/verde/naranja
Comparatives	más…que (more…than)
	menos…que (less…than)
The preterite of –ar verbs: llevar – to wear	llevé I wore
	llevaste you wore
	llevó he/she wore
Direct object pronouns	it (m sing) **lo**
	(f sing) **la**
	them (m sing) **los**
	(f sing) **las**

¡Así se hace!
★ Listening for detail
★ Adding emphasis to adjectives
★ Pronunciation: j, z, (r)r, v, b

Cross-topic words
detesto – I detest   **odio** – I hate
lo – him, it (masculine singular)
la – her, it (feminine singular)
los – them (masculine plural)
las – them (feminine plural)

12 La paga

12A ¿Cuánto dinero recibes?

- talk about pocket money and jobs
- learn how to build up longer sentences
- learn how to say 'doing'

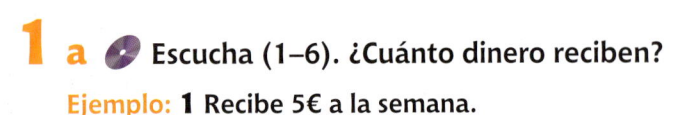

Recibo 5€ a la semana.

Trabajo en una tienda. Gano 15€ a la semana.

1 a Escucha (1–6). ¿Cuánto dinero reciben?

Ejemplo: 1 Recibe 5€ a la semana.

1 b ¡extra! Escucha otra vez. ¿Quién les da el dinero?

Ejemplo: 1 Sus padres.

1 c Lee lo que dicen. Pon las personas en orden.

a) más dinero – menos dinero
b) más contento – menos contento.

más – *more*
menos – *less*

Ejemplo: a) más dinero: Pablo – 20€ a la semana.

Carmen: Yo recibo 15€ a la semana. No es mucho. Mis amigos reciben mucho más. Mis padres pagan la ropa y me dan dinero para las vacaciones pero no tengo suficiente para salir.

Pablo: Mis padres me dan 20€ a la semana. Es bastante. Trabajo también y tengo suficiente para salir y comprar cosas.

Esteban: Mi madre me da 5€ y mis tíos me dan 7€. No es mucho pero estoy bastante contento. Si necesito dinero para ir al cine o a un partido de fútbol, mi madre me da el dinero.

Marina: Mis padres no me dan dinero. Trabajo en la tienda de mis abuelos y gano 16€ a la semana. Trabajo muchas horas y gano bastante poco. La semana pasada gané 4€ (estuve de vacaciones). Es un rollo pero necesito el dinero. No estoy contenta en absoluto.

Agustín: Mis padres me dan bastante y mi abuela me da un poco. En total recibo 18€. Es mucho para mí porque no compro ropa y mis padres pagan la entrada cuando voy a un partido o a un concierto. Ayer compré una chaqueta nueva y una camiseta para ir al concierto el sábado. Estoy muy contento.

1 d ¡extra! **There are three past tenses in the bubbles in 1c. Can you find them?**

La paga • 12

2 Habla con tu pareja. Imagina que eres una persona del ejercicio 1c. Cambia las palabras.

Ejemplo:

A Agustín, ¿Cuánto dinero recibes a la semana?
B Recibo 18€.

A ¿Quién te da el dinero?
B Mis padres y mi abuela.

A ¿Estás contento?
B Sí, muy contento.

3 ¿Tienes un trabajo? Une las frases y los dibujos.

Ejemplo: 1 B

1 Trabajo los sábados en una tienda vendiendo periódicos y revistas.
2 Yo trabajo en un garaje lavando coches. ¡Es genial!
3 No tengo trabajo. No me gusta trabajar.
4 Mis padres tienen una cafetería. Yo trabajo allí los sábados y domingos sirviendo a los clientes.
5 No trabajo. Paso mucho tiempo estudiando y escribiendo mensajes por Internet.
6 Trabajo en un supermercado de cinco a siete ayudando a los clientes.

A B C
D E F

Gramática: gerunds

- Find the words *lavando, vendiendo, ayudando, sirviendo, escribiendo, estudiando* in exercise 3.
  1 What do the *–ando* and *–iendo* correspond to in English?
  2 How do you form the gerund?
  –ar: *lavando*   **–er/–ir:** *viviendo*

4 Escucha (1–7) y escoge la respuesta correcta.

1 Trabajo en una panadería vendiendo pan y pasteles. Trabajo los lunes y viernes/los lunes a viernes.
2 Trabajo ayudando a mis padres a lavar el coche/la casa.
3 Gano dinero ayudando a mi padre/madre en casa.
4 Trabajo ayudando a mi madre en el jardín/garaje.
5 Trabajo en una cafetería limpiando/lavando las mesas.
6 Trabajo 3/6/8/11 horas en total.
7 Trabajo en casa haciendo los deberes/las camas.

5 Rellena las frases siguientes.

Yo recibo (…)€ a la semana. Mi(s) (…) me dan (…). Es bastante/mucho para mí. Yo compro la ropa/Mis padres pagan la ropa.

Trabajo en (…). (…) Gano (…)€. Trabajo los (…) Trabajo de (…) a (…) Trabajo (…) horas en total. Ayudo en casa (…).

¡extra!
Ayer/El fin de semana pasado trabajé (…) horas.

6 ¡Así se hace! Building up answers

Look at how this statement is built up:

Recibo 10€.

Recibo 10€ a la semana.

Recibo 10€ a la semana. Mi madre me da 5€ y mi padre me da 5€ también.

Recibo 10€ a la semana. Mi madre me da 5€ y mi padre me da 5€ también. Es bastante para mí.

Each bit adds a little more detail so that you end up with a full answer.

- Work with a partner to build up a statement. Take turns to add one detail each.

Cross-topic words

¿cuánto? – *how much?*

ciento nueve

12B ¿En qué gastas el dinero?

- say what you spend your money on
- learn how to plan your writing

¿En qué gastas el dinero?

Categories (x-axis):
- Tebeos, revistas, libros
- Salir: cine, conciertos, discotecas, partidos de fútbol
- Juegos de ordenador, vídeos, DVDs
- CDs
- Regalos
- Caramelos, chocolate, bebidas
- Ropa
- Ahorros

1 a 📖 Lee la encuesta y contesta a las preguntas.

1. ¿Cuáles son más populares – los CDs o los DVDs?
2. ¿Comprar ropa es más popular o menos popular que salir?
3. ¿Ahorrar es popular o no?
4. ¿A los jóvenes españoles les gusta gastar dinero en caramelos, etc.?
5. ¿Los tebeos y las revistas son más populares que los caramelos y las bebidas?

1 b 💿 Escucha (1–6) y escribe en qué gastan su dinero.

Ejemplo: 1 ropa

1 c 💿 ¡extra! Escribe un detalle extra (o más) sobre las personas.

Ejemplo: 1 ropa...compra zapatos y camisas.

2 💬 Habla con tu pareja. **Cambia** las palabras.

Ejemplo:
A ¿En qué gastas el dinero?
B *Gasto el dinero en revistas y libros.*
A ¿Cuánto gastas en libros a la semana?
B *7€.*
A ¿Ahorras dinero?
B *Sí, 5€ a la semana.*

ciento diez

La paga • 12

3 **Juego**

En parejas o en grupos de cuatro, cada uno tira el dado. La persona con el número más alto comienza.

Avanza dos casillas | Vuelve 3 casillas | Pierde un turno

1 Salida	2	3	4 Ahorras todo el dinero que recibes, 15€ a la semana. Tienes 800€ en el banco. Avanza dos casillas.	5
10 Ganas 10€ a la semana trabajando en una tienda de música. No ahorras dinero y necesitas 30€ para ir a un concierto. Pierde un turno.	9	8 Recibiste 100€ para tu cumpleaños. Avanza cuatro casillas.	7	6 No tienes trabajo y no haces nada para ayudar en casa. Tus padres no te dan dinero. Vuelve tres casillas.
11	12	13	14 Tu madre te da 15€ a la semana y ahorras 5€. También ganas dinero trabajando en un garaje. Te compras unas zapatillas estupendas. Avanza dos casillas.	15
20 Gastaste todo tu dinero en DVDs y no tienes nada. Pierde un turno.	19	18 Ayudas mucho en casa preparando las comidas y haciendo las camas. Tus padres te dan 12€. Tu hermano no hace nada y recibe 12€ también. Pierde un turno.	17	16
21	22	23 Recibes 30€ a la semana y ahorras 10€ para comprar ropa. Quieres comprarte una chaqueta muy cara – 150€ – pero no tienes bastante. Necesitas ahorrar más. Pierde dos turnos.	24	25
30 ¡Has ganado!	29 Compraste una moto muy cara con tu dinero. No tienes dinero para salir. Vuelve a la casilla 19.	28 Trabajas en un garaje todo el mes de agosto. Ganas 600€. Avanza a 30.	27	26

ciento once

12C ¿Para qué?

- give reasons for doing things using *para* + infinitive
- revise the pronunciation of *r* and *ñ*

1 Lee las cartas. ¿Quién escribe?

Ejemplo: 1 Andrea

En tu carta me preguntas para qué ahorro dinero. Bueno, ahorro dinero para ir de vacaciones. Este verano voy de vacaciones a la Isla Margarita, una isla cerca de la costa de Venezuela. Necesito mucho dinero para hacer deportes acuáticos, comprar regalos para mis amigos y salir. Ahorro todo mi dinero (40€ al mes). Mis abuelos me van a dar dinero también y para tener más dinero voy a trabajar en el mercado con mi padre.
Un abrazo,
Andrea

Mis padres tienen un ordenador en casa pero yo quiero uno en mi dormitorio para jugar con mis videojuegos y para ver mis DVDs.
Un saludo,
Ángel

Me gusta mucho el atletismo. No soy muy deportista pero me gusta verlo. Quiero ir a los Juegos Olímpicos o los Campeonatos Mundiales. Es caro y necesito ahorrar mucho para pagar las entradas.
Besos y abrazos,
Pili

Normalmente mis padres me compran la ropa pero quiero una chaqueta de piel que cuesta muchísimo. Mis padres van a pagar una parte pero yo tengo que ahorrar mucho para pagar algo.
Besos,
Marisol

¿Para qué ahorrar dinero? Es fácil. Para comprarme una moto. Mi hermano tiene una moto y quiero comprar su moto cuando tenga bastante dinero. Quiero una moto para salir con amigos y tener mucha libertad.
Saludos,
Jorge

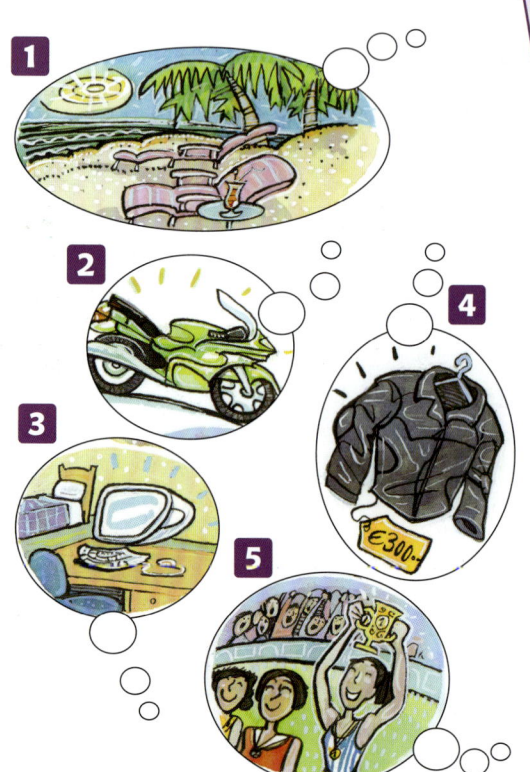

Gramática: *para* + infinitive

When you want to say the reason for doing something you can use **para** ('in order to') + infinitive.

Trabajo para ahorrar dinero para mis vacaciones.
I work (in order) to save money for my holidays.

2 Empareja las dos partes de cada frase. Hay varias posibilidades.

1 Voy a volver a casa a las diez …
2 Ahorro dinero …
3 Trabajo los sábados …
4 Preparo el desayuno …
5 Estudio mucho …
6 Hago deporte …
7 Llamo a María …
8 Hago las camas y paso la aspiradora …

a para comprar una camiseta de mi equipo de fútbol.
b para ver una película en la televisión.
c para tener buenas notas en los exámenes.
d para tener un dormitorio limpio.
e para ganar dinero para mis vacaciones.
f para ayudar a mi madre.
g para organizar una fiesta.
h para estar en forma.

La paga • 12

3 🎧 Escucha (1–5). ¿Qué hacen?

Ejemplo: 1 Compra un regalo.

4 ✏️ Mira los dibujos y escribe unas frases.

Ejemplo: Gano dinero trabajando en un bar para comprar una bicicleta de montaña.

5 ✏️ ¿Qué haces? ¿Para qué? Escribe un párrafo. Usa también palabras importantes como *porque*, *también*, y *entonces*.

> Paso la aspiradora y pongo la mesa para ayudar a mi madre.
>
> Gano dinero para comprar CDs y ahorro dinero para ir a España de vacaciones.

🗣️ Pronunciación: revision of *r* and *ñ*

🎧 *r*

¿Para qué compra Patricia un parasol?

Para parar el sol. Es como un parachoques o un parabrisas. Paran choques y brisas.

¿Y paramilitares paran militares?

No, claro. Y paranoia no para 'noia'.

ñ

- Practise saying the following:

  Niños pequeños y niñas pequeñas van a las montañas.

6 ¡extra! **Compound words**

Para also means 'stops' from the verb *parar*.

So, *para* + *sol* = 'stops the sun'. It is common in Spanish to add a verb to a noun to produce a new noun. All such words are masculine.

- Can you work out the meanings of these words?

  abrelatas, parabrisas, abrecartas, paraguas.

ciento trece 113

12D Gastando dinero de vacaciones

- say how you spend your money on holiday
- learn how to write a structured text

1 Lee y pon las frases en orden de importancia para ti.

1 compro recuerdos
2 compro helados
3 compro bebidas en la playa
4 voy al cine/a conciertos
5 tomo meriendas
6 compro tebeos y revistas
7 compro tarjetas y sellos
8 voy a fiestas

2 Escucha (1–5) y escribe la(s) letra(s) del dibujo correcto.
Ejemplo: 1 G

3 Habla con tu pareja.
Ejemplo:
A: ¿Cómo gastas el dinero de vacaciones?
B: Compro tarjetas.

4 ¡Así se hace! *Writing a structured text*

- How is the writing divided up?
- Is there much additional information?
- Can you find any opinions given?
- Are any examples given?
- Can you find any connectives?

The passage is divided up into paragraphs. The first or second sentence tells you what each is going to be about. This is called the topic sentence.

Voy a hablar un poco de mi dinero. Yo recibo 5€ de mis padres y 5€ de mis tíos. 10€ a la semana en total. También gano dinero trabajando los sábados. Trabajo en el mercado con mi padre. Vendemos fruta. Trabajo de 7 a 2. Mi padre me da 10€. No es mucho pero es bastante para mí. Mis padres me compran la ropa.

Con mi dinero compro muchas cosas. Por ejemplo, me gusta la música y compro CDs de mi grupo favorito, Ladytron. También compro libros y revistas. No salgo mucho pero a veces voy al cine. Prefiero las películas de horror. El sábado pasado, por ejemplo, vi La Vuelta de Drácula. Me gustó mucho.

Ahorro un poco para las vacaciones. Ahorro 5€ a la semana. Compro helados y meriendas cuando salgo. También me gusta comprar regalos para mis amigos. Este verano vamos a ir a Francia.

Expressing opinions is not difficult and adds to your writing.

Additional information that makes what you write more interesting.

También is a simple way of adding to a list and connecting with the previous sentence.

Giving an example is always helpful.

5 ¿Y tú? ¿Cómo gastas tu dinero? Usa la carta como modelo.

114 ciento catorce

Resumen

La paga • 12

El dinero	**Money**	**Ganar dinero**	**Earning money**
¿Cuánto dinero recibes a la semana?	How much money do you get a week?	¿Cómo ganas dinero?	How do you earn money?
Recibo 6€	I get 6€	Gano dinero trabajando…	I earn money working…
¿Quién te da el dinero?	Who gives you the money?	en un garaje/en un bar/en una tienda	in a garage/in a bar/in a shop
Mis padres me dan 4€	My parents give me 4€	sirviendo a los clientes	serving customers
¿En qué gastas tu dinero?	What do you spend your money on?	ayudando a mis padres	helping my parents
Gasto mi dinero en…	I spend my money on…	lavando el coche	washing the car
revistas	magazines	Trabajo de camarero/a	I work as a waiter/waitress
tebeos	comics		
caramelos	sweets	**¿Para qué?**	**What for?**
ropa	clothes	¿Para qué preparas las comidas?	What do you prepare the meals for?
helados	ice creams	Para ayudar a mi madre	To help my mum
meriendas	snacks	¿Para qué trabajas?	What do you work for?
bebidas	drinks	Para ganar dinero para las vacaciones	To earn some holiday money
recuerdos	souvenirs		
tarjetas	postcards		
¿Ahorras dinero?	Do you save money?		
Sí, ahorro dinero	Yes, I save money		

Gramática:

Gerunds: –ando/–iendo	–ar verbs: lav**ando** (washing)
	–er/–ir verbs: viv**iendo** (living)
para ('in order to') + infinitive	Trabajo para ahorrar dinero.
	I work (in order) to save money

¡Así se hace!

★ Building up longer answers

★ Understanding some compound words (e.g. *parasol*)

★ Writing a structured text

★ Pronunciation: r, ñ

Cross-topic words
¿cuánto? – *how much?*

ciento quince 115

Repaso

Unidades 11 y 12

¿Problemas? Mira las páginas 104 y 108.

1 🎧 Escucha (1–4). Apunta 3 detalles para cada persona.

Ejemplo: **1** 25€, tienda, ropa.

2 💬 Haz diálogos con tu pareja según los dibujos.

Ejemplo: **1**

A: ¿Cuánto dinero recibes a la semana?
B: *Recibo 50€. Trabajo en una tienda de ropa.*
A: ¿En qué gastas el dinero?
B: *En ropa. Me gustan las camisas. Compro muchas camisas. También compros zapatos.*
A: Gracias.
B: *De nada.*

3 📖 Mira los dibujos e identifica a las 4 mujeres.

a ¿Quién es? Lleva una gorra. No lleva gafas. Lleva una camiseta rosa de manga corta. Lleva una falda y zapatos de tacón alto.

b ¿Quién es? Lleva un sombrero. Lleva gafas de sol negras. Lleva una camiseta de colores de tirantes. Lleva un pantalón corto y sandalias.

c ¿Quién es? Lleva gafas de sol marrones. Lleva una camiseta de rayas larga. Lleva un pantalón corto y sandalias.

d ¿Quién es? Lleva un sombrero y lleva gafas. Lleva una camiseta de lunares de tirantes. Lleva un pantalón y zapatos planos.

4 ✏️ Describe las 2 otras mujeres.

116 ciento dieciséis

Querida Tía Dolores:

Lérida, 30 de mayo

¡Hola!

Mi situación es un poco complicada. Yo tengo un hermano y una hermana y a veces hay muchos problemas.

Mi hermano Alejandro tiene 18 años y no tiene trabajo. Recibe 30€ a la semana de mis padres pero no hace nada. Dice que estudia pero no va al colegio y se queda en casa con sus amigos. Se levanta a las doce y se acuesta a las tres de la madrugada. ¡Y mis padres le compran su ropa!

Mi hermana Nuria tiene 17 años y trabaja los sábados. Mis padres le dan 10€ pero gana 40€ en la tienda de ropa. Compra su ropa. Ayuda un poco en casa limpiando su dormitorio y haciendo su cama. Es buena persona y la quiero mucho.

Yo tengo 14 años. No trabajo pero ayudo mucho a mis padres preparando las comidas, haciendo las camas, etc, y ¿qué? Pues, me dan 10€ porque soy joven y no necesito mucho dinero. Me compran la ropa pero no me gusta. Quiero mucho a mis padres pero creo que es injusto. Nuria tiene trabajo y yo soy demasiado joven para trabajar en una tienda.

Un abrazo,

Angélica

nada – *nothing*
de la madrugada – *in the morning*
dice que – *he says that*

Querida Angélica:

Así es la vida. Tus padres te quieren pero eres joven y necesitas menos dinero que tus hermanos. Ten paciencia con Alejandro. La vida es difícil para un chico de 18 años.

Es importante que Nuria y tú ayudéis a tus padres. Un día vas a tener niños y vas a comprender.

Un abrazo,

Tía Dolores

Querida Angélica:
¡Es increíble! ¡Un chico perezoso y dos chicas trabajadoras! Es injusto que recibas solamente 10€. Habla con tus padres.
Un abrazo,
Tía Dolores

1 📖 **Lee la carta y contesta a las preguntas.**
Escribe la letra que corresponde a cada frase.

Ejemplo: 1 e

1. El hermano se llama (…).
2. Nuria y (…) reciben 10€ a la semana.
3. (…) tiene 17 años.
4. Los padres de Angélica le compran su (…).
5. Angélica ayuda (…) las comidas.
6. Alejandro (…) trabaja.
7. Nuria compra (…).

a ropa
b preparando
c Angélica
d no
e Alejandro
f Nuria
g su ropa

2 📖 **Lee las respuestas. ¿Qué respuesta te gusta más? Di por qué en inglés.**

ciento diecisiete **117**

¡Ahora, tú!   En clase • 1

¡Así se hace!
- The activities on these pages give you more practice in what you've learnt in each unit.
- Remember, you can look at the vocabulary list at the end of each unit for help if you need it.

1 Copy the grid and sort the following sentences into two groups: those that the teacher would say and those that the pupil would say. (« p.10)

Ejemplo:

Profesor	Alumno
Sentaos	No tengo cuaderno

Buenos días, señor.   Mirad la pizarra.   Levantaos.
¿Cómo te llamas?   ¿Tienes un libro?   ¡Ausente!
¡Presente!   No comprendo.   ¿Cómo se escribe 'cuaderno', por favor?
¿Puedo ir al baño?   Recoged las cosas.   Buenos días, señorita.
Sí, tengo un bolígrafo.   ¿Cómo se dice 'lápiz' en inglés?   ¿Puede repetir?

2 Do the following sums. (« p.13)

Ejemplo: siete

1. Dos y cinco son (…)
2. Tres y siete son (…)
3. Uno y seis son (…)
4. Cuatro y dos son (…)
5. Dos y tres y cuatro son (…)
6. Diez menos tres son (…)
7. Nueve menos cuatro son (…)
8. Ocho menos dos son (…)
9. Siete menos seis son (…)
10. Ocho menos cuatro son (…)

3 Match the opposites. (« p.10)

Abrid la ventana.   Presente.
Ausente.   Abrid el libro.
Cerrad el libro.   Cerrad la ventana.
Levantaos.   No comprendo.
Comprendo.   Sentaos.

4 Write out the dialogue below. Put in the missing ¿…? and ¡…! and choose words or phrases to replace the words in italics. (« p.14)

Hola. *Buenos días*.   Bueno, mirad la pizarra y sacad *el libro*.
Buenos días, señor.   Puedo ir al baño.
Sentaos. Voy a pasar lista. Ángel Álvarez.   *No*.
Presente.   ¿Cómo se escribe 'bolígrafo' en español?
Ana Botín.   b-o-l-í-g-r-a-f-o.
Presente.   Gracias.
                                             Trabaja con tu pareja.

| ausente | ir al patio | cerrar la puerta | cierra la puerta | la goma |
| el cuaderno | señorita | buenas tardes | sí | el estuche |

¡Ahora, tú! ¡extra!   En clase • 1

1 ✏️ **Cada círculo contiene palabras de tres frases diferentes. Sepáralas y escríbelas en el orden correcto.**
Each circle contains words from three different sentences. Separate out the words and write them in the correct order with the correct punctuation. (◀◀ p.10)

1 Me llamo Federico / Puedo ir al baño / Tengo un lápiz

2 Mirad la pizarra / Cerrad la puerta / Voy a pasar lista

3 Escribid las cosas en el cuaderno / Recoged / Buenos días señor

2 ✏️ **Copia y rellena los espacios con una palabra de la unidad.**
Write out the sentences filling in the gaps with a word from the unit. (◀◀ p.12)

Mirad la (…)
Buenos (…)
Me (…) Bea.
Tengo dos (…) en mi estuche.
¿Qué (…)?
Tengo un estuche en mi (…)
¿Cómo se (…)?
Tengo (…) bolígrafos.

3 ✏️ **Copia y haz frases lógicas.**
Write out the sentences changing them into logical ones. (◀◀ p.13)

1 Tengo una mochila en mi estuche.
2 Tengo cinco mochilas en mi regla.
3 Tengo un estuche en mi goma.
4 Tengo tres estuches en mi bolígrafo.
5 Tengo dos mochilas en mi cuaderno.

4 ✏️ **Contesta a las preguntas.**
Answer the following questions. (◀◀ p.12)

1 ¿Cómo te llamas?
2 ¿Cuántos bolígrafos tienes en tu estuche?
3 ¿Tienes un cuaderno?
4 ¿Cuántos libros tienes en tu mochila?
5 ¿Tienes una pluma?
6 ¿Cuántos lápices tienes?
7 ¿Puedes ir al baño durante la clase?

ciento diecinueve

¡Ahora, tú!　　　　　　　　　　　　　　　　¿Quién eres? • 2

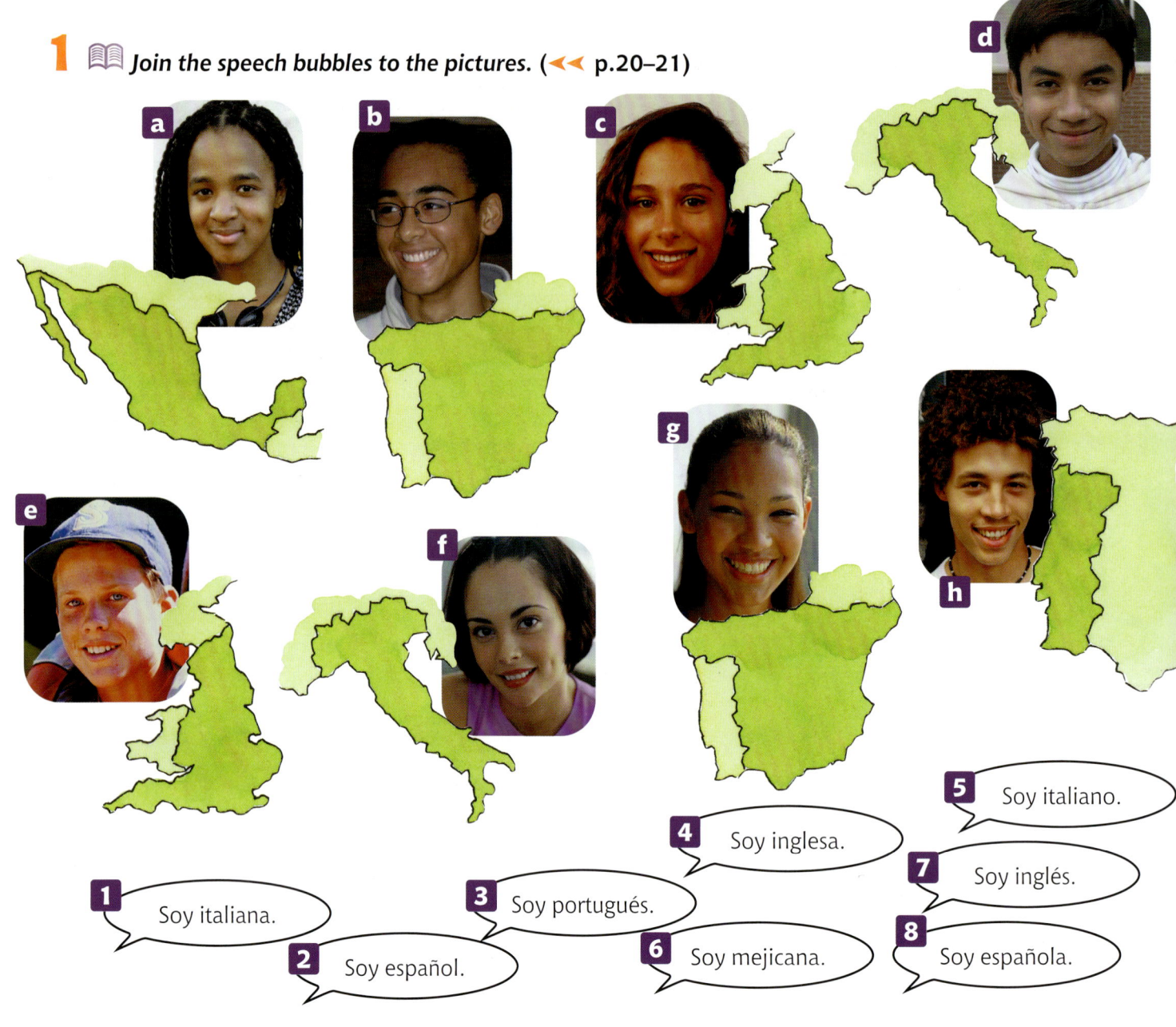

1 📖 **Join the speech bubbles to the pictures.** (◀◀ p.20–21)

1. Soy italiana.
2. Soy español.
3. Soy portugués.
4. Soy inglesa.
5. Soy italiano.
6. Soy mejicana.
7. Soy inglés.
8. Soy española.

2 ✏️ **Copy and complete the names of the months.** (◀◀ p.17)

enero	_____	marzo
abril	_____	_____
julio	agosto	_____
octubre	_____	_____

3 ✏️ **Copy and fill in the gaps.** (◀◀ p.17)

10	diez
	ocho
	veintitrés
31	
15	
	cinco
6	
	dieciocho
25	
	doce

120　ciento veinte

¡Ahora, tú! ¡extra!

¿Quién eres? • 2

1 📖 **Lee el formulario. Copia y rellena los espacios en la carta.**
Read the form. Copy and fill in the gaps in the letter. (◂◂ p.16–17)

de vacaciones – *on holiday*

NOMBRE:	Antonio Banderas
NACIONALIDAD:	español
EDAD:	36 años
CUMPLEAÑOS:	7 de marzo
RESIDENCIA:	Málaga (sur de España) y Estados Unidos
IDIOMAS:	español, inglés, un poco de francés

¡Hola! ¿Qué tal? Me llamo (…).

Tengo (…) años y mi (…) es el (…) de marzo.

Soy de (…), pero vivo en los (…). De vacaciones vivo en (…). Está en el (…) de España.

Hablo (…) y (…) y también un poco de (…).

2 ✏️ **Copia y rellena el formulario con tus propios detalles.**
Copy and fill in the form with your own information. (◂◂ p.16–17)

NOMBRE:	_____
NACIONALIDAD:	_____
EDAD:	_____
CUMPLEAÑOS:	_____
RESIDENCIA:	_____
IDIOMAS:	_____

3 ✏️ **Copia y rellena los espacios.**
Copy and fill in the gaps. (◂◂ p.16–17)

Ejemplo: 1 siete + doce = **diecinueve**

1. siete + doce = (…)
2. ocho − (…) = seis
3. quince + (…) + tres = veinte
4. cinco × (…) = veinticinco
5. nueve + (…) − tres = once
6. (…) + doce − cuatro = veintinueve
7. (…) − doce = dieciocho
8. cuatro × tres = (…)
9. once − (…) = uno
10. (…) × cuatro = veinticuatro

ciento veintiuno **121**

¡Ahora, tú!

Mi familia • 3

1 📖 *Who is it? Join the pictures to the descriptions.* (◀◀ p.28–29)

Ejemplo: 1 e

1. Tengo el pelo largo y rubio. Mis ojos son verdes.
2. Tengo los ojos grandes y azules. Tengo pecas. Mi pelo es negro y ondulado.
3. Tengo el pelo moreno, liso y muy largo. Tengo los ojos negros.
4. Soy muy alto y delgado. Soy pelirrojo.
5. Llevo gafas. Mis ojos son marrones y mi pelo es corto y rubio.
6. Soy gordita y baja. Tengo el pelo negro y los ojos grises.

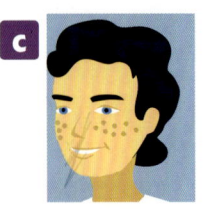

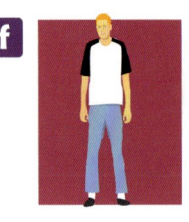

2 ✏️ *Look at the family tree. Copy and fill in the gaps in the letter with words from the box. You may repeat words.* (◀◀ p.27)

Ejemplo: 1 madre.

Family tree:
- Isabel 84
- Andrés 39, Ana 37, Carolina 41, Juan Antonio 42
- Andrés 10, Pedro 12, Ana María 15, Pilar and Elena 9

¡Hola! ¿Qué tal? (…) llamo Ana María y tengo (…) años. Mi (…) se llama Ana y tiene treinta y siete años. Mi padre tiene (…) años y se llama (…). Tengo dos (…) que se llaman Pedro y Andrés. Pedro (…) doce años y Andrés (…) años. Tengo una (…) que se llama Isabel y es muy vieja: tiene ochenta y cuatro (…). Mi tío (…) Juan Antonio y mi tía se llama (…). Tienen dos hijas, Pilar y (…). Son (…).

abuela	Elena	me	diez
Andrés	gemelas	quince	treinta y nueve
años	hermanos	se llama	
Carolina	madre	tiene	

3 ✏️ *Write a paragraph describing your family in as much detail as you can.* (◀◀ p.30–31)

¡Hola! Me llamo (…). Tengo (…) años.
Mi madre se llama (…). Tiene (…) años. Tiene el pelo (…) y los ojos (…).
Mi padre (…).
Tengo (…) hermanos. Se llaman (…). Tienen (…).
Tengo dos animales, un (…) y un (…).

¡Ahora, tú! ¡extra!   Mi familia • 3

1 a 📖 **Lee la entrevista.** *Read the interview.* (◀◀ p.30–31)

¡Hola! Me llamo Enrique Iglesias y tengo veintisiete años. Tengo una familia muy grande. Tengo un hermano, una hermana y dos hermanastras. Mi hermana tiene treinta y un años y se llama Chábeli. Mi hermano se llama Julio José y tiene veintinueve años. Los dos tienen los ojos marrones y el pelo negro.

Mi padre es muy famoso; se llama Julio Iglesias y tiene sesenta años. Tiene el pelo negro y los ojos marrones. Mi madre se llama Isabel y es muy guapa, alta y delgada. Mi hermanastra Tamara tiene veintidós años y Ana tiene catorce años. Mis abuelos, los padres de mi padre, se llaman Julio y María del Rosario. También tengo dos tías que son las hermanas de mi madre. Son gemelas y se llaman Victoria y Beatriz.

1 b 📖 **¿Las frases son verdad o mentira?** *Say whether the sentences are true or false.* (◀◀ p.30–31)

1. Enrique Iglesias tiene 27 años.
2. La familia de Enrique es muy pequeña.
3. Enrique tiene dos hermanos.
4. La hermana de Enrique se llama Chábeli.
5. Chábeli tiene los ojos verdes.
6. El padre de Enrique se llama Julio.
7. La madre de Enrique es muy baja.
8. Enrique tiene dos hermanastras.
9. Las tías de Enrique se llaman Isabel y Victoria.

1 c ✏️ **Corrige las frases falsas.** *Now correct the false sentences.* (◀◀ p.30–31)

2 ✏️ **Escribe lo que dicen los jóvenes. Mira el ejemplo.**
Write what the young people are saying. Look at the example. (◀◀ p.32)

Ejemplo: 1 Me llamo Inés. Tengo un perro marrón.

1. Inés
2. Andrés
3. Manolo
4. Esther
5. Paco
6. Inmaculada

ciento veintitrés **123**

¡Ahora, tú!   En el pueblo • 4

1 Put the following words into the correct categories. (◀◀ p.34–35)

| Verbs | Nouns | Adjectives | Modifiers |

jugar odiar playa comer ver feo divertido bonito
bailar visitar campo ir demasiado pueblo
encantar gustar bastante sucio
aldea montañas estación ciudad pequeño muy inmenso
limpio

2 Write down the odd one out and say why. See how many reasons you can give. Check with your partner to see how many you agree on. (◀◀ p.34–35)

1 campo montaña costa parque
2 muy odio demasiado bastante
3 me encanta odio me gusta hay
4 ¿qué? ¿sí? ¿por qué? ¿cuántos?
5 aburrido feo fantástico sucio
6 tiendas polideportivo restaurantes playas
7 jugar bailar barrio beber
8 supermercado tienda estación colegios

3 Match up the two halves of the sentences. (◀◀ p.36–37)

1 Es muy divertido
2 Me encanta porque está
3 Es sucio y feo porque
4 Me gusta la aldea
5 Es muy aburrido porque
6 Hay un colegio,

a es muy industrial.
b en el campo.
c porque es pequeña.
d ir al parque de atracciones.
e no hay ni cines, ni bares, ni discotecas.
f una estación de trenes y dos tiendas.

4 Copy out the sentences and fill in the gaps with a suitable word or words from the unit. (◀◀ p.36–37)

Ejemplo: 1 Me gusta el pueblo porque es grande.

1 Me gusta el (…) porque es grande.
2 (…) la aldea porque es demasiado tranquila.
3 Me encanta la ciudad (…) hay muchas cosas que hacer.
4 Mi pueblo (…) en el campo.
5 Me gusta mucho porque es muy (…).
6 (…) ciudad es demasiado turística.
7 Es feo y muy (…)

124 ciento veinticuatro

¡Ahora, tú! ¡extra!

En el pueblo • 4

1 📖 **¿A qué pueblo refiere cada persona?**
Which town is each person writing about? (◀◀ p.36–37)

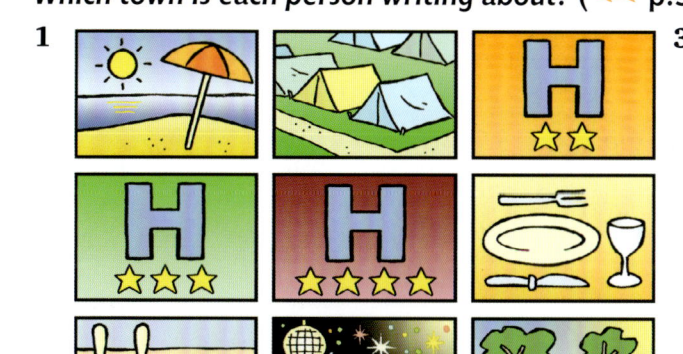

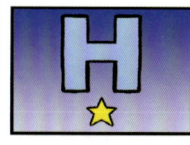

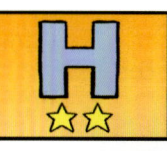

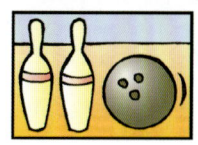

a El pueblo donde vivo está en la costa. Hay una playa pequeña. No hay muchos hoteles pero hay un parque de atracciones muy grande. Hay también un cine.

b Pues yo vivo en la costa. Hay unos hoteles modestos, una piscina y bares. Hay también un polideportivo.

c Yo vivo en la costa. Hay una playa y un camping. Hay muchos hoteles y restaurantes. Hay un parque que es muy bonito. Por la noche hay discotecas y una bolera.

2 ✏️ **Describe el pueblo que queda.**
Write a description of the remaining town. (◀◀ p.37)

3 ✏️ **Contesta a las preguntas en español.**
Answer the following questions in Spanish: (◀◀ p.37)
  1 ¿Cómo es tu pueblo?
  2 ¿Qué se puede hacer en tu pueblo?
  3 ¿Te gusta tu pueblo? ¿Por qué? ¿Por qué no?

ciento veinticinco **125**

¡Ahora, tú!   En casa • 5

1 Put the words in the box under the following headings. (<< p.46–49)

| Furniture | Accommodation type | Description |

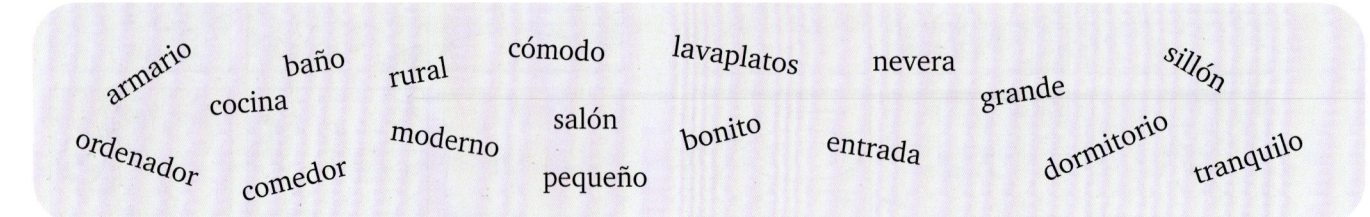

armario, baño, cocina, rural, cómodo, lavaplatos, nevera, sillón, ordenador, comedor, moderno, salón, bonito, entrada, grande, dormitorio, tranquilo, pequeño

2 Find the odd one out and explain why. (<< p.48–49)

Ejemplos: 1 cama There is no bed in the living room

1 cama televisión mesa sofá
2 equipo musical sillas lámpara cocina de gas
3 cocina de gas comedor dormitorio aseo
4 a la derecha arriba sillón abajo
5 cuarto de baño piso casa adosada chalet
6 garaje jardín terraza entrada
7 dormitorio cocina televisión aseo

3 Copy the letter and fill in the splodges. (<< p.46–49)

¡Hola! Me llam✱ Pepita. Viv✱ en una casa pequeñ✱ cerca del colegio. Me gusta la casa por✱ es muy bonit✱. Hay una entrada, ✱ salón-comedor y ✱ cocina. Hay tres dormitorios: el de ✱ padres, el dormitorio de mi hermana – ✱ muy pequeño – y ✱ dormitorio. En mi dormitorio ✱ una cama y ✱ armario. No hay televisión pero hay ✱ un ordenador.

4 Read the description of Marco's flat and make a list of the number of rooms and their names. (<< p.46–47)

Ejemplo: 1 la entrada

¡Hola! Vivo en un piso bastante grande con mi madre y mis abuelos. Entras y estás en la entrada. A la izquierda hay un salón. Al lado del salón hay un comedor y luego la cocina. El cuarto de baño y el aseo están al final. Hay una terraza también.

Al lado del salón está el dormitorio de mis abuelos y, al lado, el dormitorio de mis padres. Tienen un cuarto de baño. Mi dormitorio está al final.

El piso no es grande pero está bien. Está cerca de las tiendas y es bastante tranquilo.

entras – *you come in*
al final – *at the end*

¡Ahora, tú! ¡extra! En casa • 5

1 📖 *Encuentra los errores en el correo electrónico y corrígelos.*
Find the mistakes in the e-mail below and correct them. (◂◂ p.46–47)

Vivo en una casa adosada en el campo. Hay tres dormitorios y dos cuartos de baño. En la planta baja está la entrada, claro, y a la derecha el salón. A la izquierda está el comedor y la cocina. En la primera planta está el dormitorio de mis padres. Somos seis en la familia: mis padres, mis abuelos, mi hermana y yo. El dormitorio de mis abuelos está en la segunda planta. Mi dormitorio está en la segunda planta. No hay jardín pero hay un garaje a la derecha. También hay una terraza.

2 a ✏️ *Escribe dos descripciones y opiniones usando las frases de abajo.*
Write two descriptions and opinions using the sentences below. (◂◂ p.50)

- Me gusta porque es grande.
- No me gusta mucho porque es muy pequeño.
- Lo bueno es que es nuevo.
- Lo malo es que está en el centro del pueblo.
- Hay muchos dormitorios.
- Hay una cocina-comedor y un salón pequeño.
- Hay dos salones, una cocina, un comedor y cinco dormitorios.
- En la segunda planta hay tres dormitorios individuales.
- El piso está en la primera planta.
- Hay dos cuartos de baño y un aseo.

2 b ✏️ **¡extra!** *Da más detalles acerca de la casa y del piso.*
Give more details about the house and the flat.

ciento veintisiete **127**

¡Ahora, tú!   Tiempo libre • 6

1 *Match up the opinions with the pictures.* (◄◄ p.52–55)

Ejemplo: 1 b
1. Me gusta el fútbol porque es rápido.
2. Me encanta el cine, pero es caro.
3. Me gusta salir con amigos porque es genial.
4. No me gusta navegar por Internet, ¡es un rollo!
5. Me gusta ver la tele, ¡es educativo!
6. No me gusta mucho practicar la natación; es un poco aburrido.
7. Me gusta ir al parque porque es muy barato.
8. Me encanta jugar al tenis; es muy emocionante.

2 *Write your own opinions on the following activities.* (◄◄ p.54)

Ejemplo: 1 Me gusta ir de compras porque es divertido.

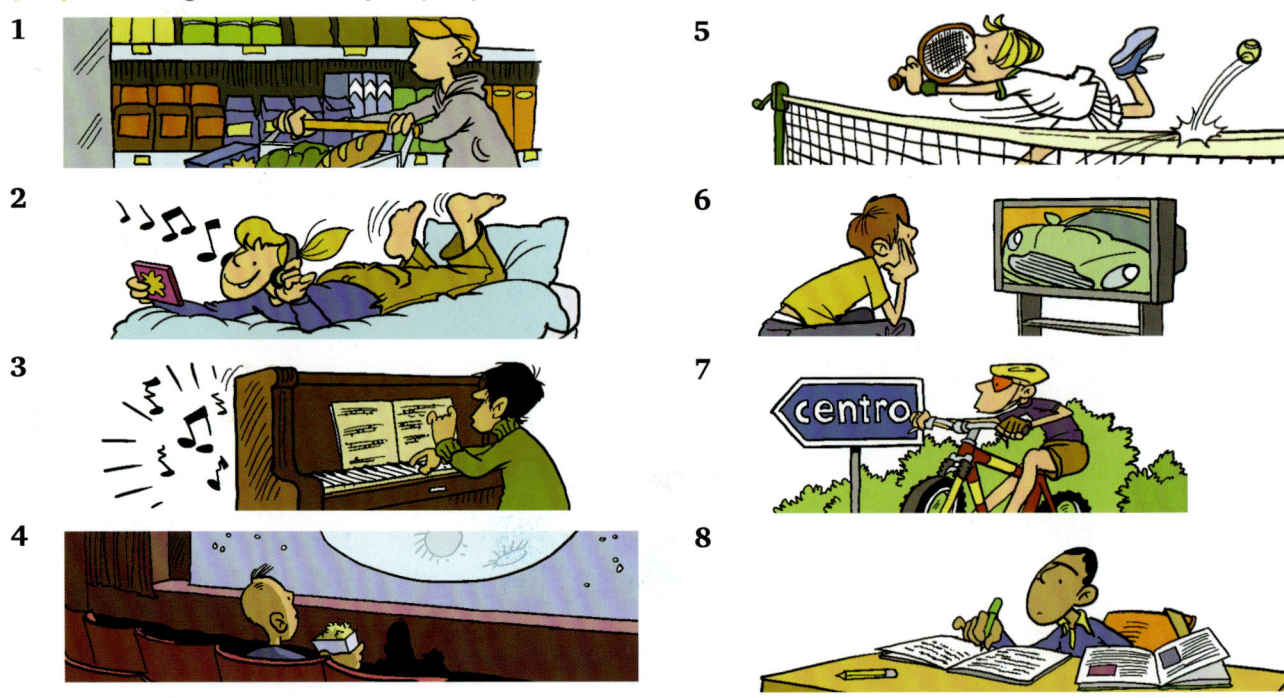

3 *Put the words in the box into the following categories.* (◄◄ p.52–55)

Adjectives	Places	Days of the week	Seasons	Sports

aburrido   martes   caro   fútbol   miércoles   otoño   lunes   colegio
barato   divertido   invierno   cine   jueves   emocionante   verano   tenis
polideportivo   primavera   domingo   sábado   natación   viernes

128 ciento veintiocho

¡Ahora, tú! ¡extra!   Tiempo libre • 6

1 📖 **Une las preguntas y las respuestas.** *Match up the questions with the answers.* (◀◀ p.56–59)

Ejemplo: **1** e

1 ¿Por qué te gusta la natación?
2 ¿Cuál es tu pasatiempo favorito?
3 ¿Qué vas a hacer el sábado por la mañana?
4 ¿Qué prefieres hacer en tu tiempo libre en invierno?
5 ¿Qué haces normalmente los domingos por la tarde?
6 ¿A qué hora abre el polideportivo?
7 ¿A qué hora cierra el parque?

a Abre a las diez de la mañana.
b Cierra a las ocho de la noche.
c Hago los deberes o visito a mis abuelos.
d Mi pasatiempo favorito es escuchar música pop.
e Porque es divertida.
f Prefiero ver la tele o tocar el piano.
g Voy a jugar al tenis en el polideportivo.

2 📖 **Lee la entrevista.** *Read the interview.* (◀◀ p.56–60)

Fama: Hoy tenemos una entrevista con el conocido cantante Ignacio Ventura. ¡Hola, Ignacio! Dime, ¿qué te gusta hacer en tu tiempo libre?
Ignacio: Bueno, no tengo mucho tiempo libre, pero lo mejor para mí es jugar al fútbol.
Fama: ¿Con quién juegas al fútbol?
Ignacio: Juego con un grupo de amigos: somos ocho en total. Jugamos en el polideportivo cerca de mi casa cuando no tengo conciertos.
Fama: ¿Por qué prefieres el fútbol?
Ignacio: Es un deporte muy emocionante, divertido y muy rápido.
Fama: ¿Qué otros pasatiempos tienes?
Ignacio: No me gusta mucho ir de compras. Prefiero ir al cine o salir con amigos. También me gusta tocar el piano y escuchar música. ¡Pero no la música de mi grupo!
Fama: ¿Te gustan otros deportes?
Ignacio: No me gusta la natación: es muy aburrida, pero me encanta el tenis. ¡Es genial!
Fama: Muchas gracias por tu tiempo, Ignacio.
Ignacio: De nada, ¡adiós!

3 a 📖 **¿Las frases son verdad o mentira?**
Are the following sentences true or false? (◀◀ p.56–60)

1 El deporte favorito de Ignacio es el fútbol.
2 Ignacio piensa que el fútbol es aburrido.
3 A Ignacio le encanta ir de compras.
4 Ignacio prefiere ir al cine.
5 Ignacio odia tocar el piano.
6 A Ignacio le encanta escuchar la música de su grupo.
7 Ignacio piensa que la natación es aburrida.
8 A Ignacio le encanta el tenis, porque es ge~~

3 b ✏️ **Corrige las frases falsas.** *Correct the false sentences.* (◀◀ p.56–60)

4 ✏️ **Escribe una entrevista con una persona actual o imaginaria. Incluye una foto o** *Write your own interview with a real or imaginary famous person. Include a photo* *a picture.* (◀◀ p.56–60)

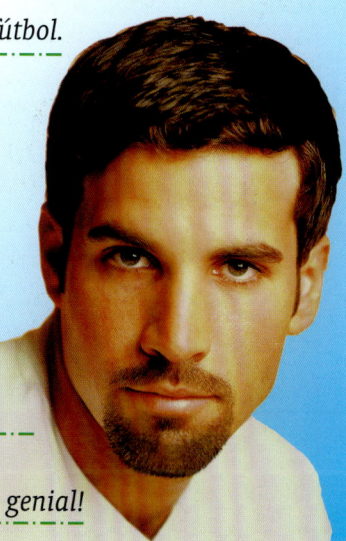

ciento veintinueve

¡Ahora, tú!   Tapas y bebidas • 7

1 📖 **Pilla al intruso.** *Which is the odd one out?* (◂◂ p.66–69)

Ejemplo: 1 tortilla

1. Coca-Cola, tortilla, Fanta, granizado
2. café, té, chocolate, granizado
3. hamburguesa, ensalada, tortilla española, aceitunas
4. helado, cafetería, restaurante, bar
5. treinta, cuarenta, cuatro, cincuenta
6. bocadillo, calamares, perrito caliente, hamburguesa

2 ✏️ **Design your own menu.** *Include drinks (las bebidas), snacks (las tapas) and prices (los precios).* (◂◂ p.66–69)

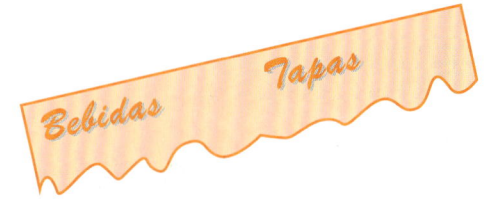

3 📖 **Lee el menú y contesta a las preguntas.** *Read the menu and answer the questions.* (◂◂ p.66–69)

Ejemplo: 1 1,25€

CAFETERÍA EL ANCLA

Bebidas

Coca-Cola	1,50€
Fanta de naranja	1,25€
Fanta de limón	1,25€
granizado de limón	2€
granizado de café	2€
té solo	0,80€
té con leche	0,90€
café	0,80€
batido de chocolate	2,20€
batido de fresa	2,25€
agua mineral con gas	1€
agua mineral sin gas	1€
naranjada	1,35€
chocolate	2€
zumo de naranja	2,10€

Tapas

hamburguesa	2,30€
perrito caliente	1,90€
bocadillo de jamón	1,10€
bocadillo de queso	1,15€
bocadillo de atún	1,05€
ensalada	2,50€
tortilla española	1,75€
patatas fritas	1,30€
calamares	2,80€
aceitunas	1€
patatas bravas	1,35€
pizza	2,15€

1. ¿Cuánto es una Fanta de limón?
2. ¿Cuánto son dos Fantas y un café?
3. ¿Cuántas tapas diferentes hay?
   ¿Cuántas bebidas diferentes hay?
4. ¿Cuál es tu bebida favorita en el menú?
5. ¿Cuál es tu tapa favorita?
6. ¿Qué bebidas no te gustan?
7. ¿Qué tapas no te gustan?

¡Ahora, tú! ¡extra! Tapas y bebidas • 7

1 📖 **Lee la historia y escribe si las frases son verdad o mentira.**
Read the picture story and write whether the sentences below are true or false. (◄◄ p.64–65)

Ejemplo: 1 verdad.

Speech bubbles:
- María, es mi cumpleaños, te invito a tomar algo.
- Estupendo, ¿adónde vamos?
- Podemos ir a la cafetería a tomar un café.
- ¡Uy, no, está demasiado lejos! ¿Qué tal si vamos al restaurante?
- No, no me gustan los restaurantes.
- Yo no, yo tengo frío.
- Bueno, podemos ir a la heladería. ¡Tengo mucho calor!
- Bueno, entonces ¿dónde quieres ir?
- ¿Qué tal si vamos al parque? Es muy bonito…

1 Paco invita a María.
2 Es el cumpleaños de María.
3 Paco invita a María a tomar un café.
4 María cree que la cafetería es demasiado grande.
5 A Paco le encantan los restaurantes.
6 María tiene mucho calor.
7 Paco sugiere ir al restaurante.

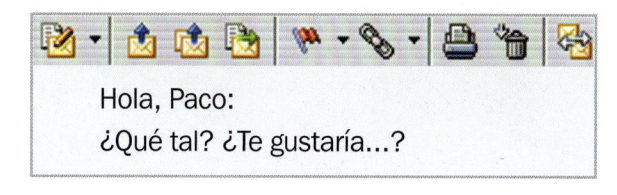

2 ✏️ **Escribe un correo electrónico a tu amigo/a. Sugiere dos planes diferentes.**
Write an e-mail to your friend. Suggest two different plans. (◄◄ p.64–65)

Hola, Paco:
¿Qué tal? ¿Te gustaría…?

3 📖 **Une las preguntas y respuestas.** *Match up the questions and answers.* (◄◄ p.64–70)

Ejemplo: 1 e

1 ¿Camarero?
2 ¿Cuál es tu bebida favorita?
3 ¿Cuánto es?
4 ¿Qué quieres de comer?
5 ¿Vamos al restaurante?
6 ¿Te gusta el bar?
7 ¿Te gusta la carne?
8 ¿Te gusta la Coca-Cola?

a Mi bebida favorita es el zumo de naranja.
b No, es demasiado caro.
c No, soy vegetariano.
d Para mí, una hamburguesa.
e Sí, ¿qué desean?
f Sí, es muy refrescante.
g Sí, pero es demasiado ruidoso.
h Son 3€.

ciento treinta y uno **131**

¡Ahora, tú!   La rutina diaria • 8

1 📖 **Pon las frases en orden.** *Put the sentences into the appropriate order.* (◀◀ p.72–73)

Ejemplo: 6, 8 …

1 Ceno con mi familia a las siete y media.
2 Desayuno cereales y café con leche.
3 Después de desayunar, me lavo los dientes.
4 Hago los deberes en mi dormitorio de cinco a seis y media.
5 Me acuesto a las diez menos cuarto.
6 Me despierto a las siete menos cuarto.
7 Me ducho y me visto.
8 Me levanto a las siete.
9 Me relajo y veo la tele.
10 Salgo de casa a las ocho y media.
11 Vuelvo a casa a las cuatro.

2 ✏️ **Escribe las horas de las frases de arriba en cifras.**
Write the times from the sentences above in figures. (◀◀ p.72–73)

Ejemplo: 1 6.45

3 ✏️ **Mira los dibujos. Escribe lo que haces y a qué hora.**
Look at the pictures. Write what you do and at what time. (◀◀ p.72–73)

Ejemplo: 1 Me despierto a las…

4 📖 **Une las preguntas y las respuestas.** *Match up the questions and answers.* (◀◀ p.73)

Ejemplo: 1 d

1 ¿A qué hora te levantas?
2 ¿Te duchas o te bañas?
3 ¿Qué desayunas?
4 ¿Con quién cenas normalmente?
5 ¿A qué hora te acuestas los sábados?
6 ¿Cuándo haces los deberes?
7 ¿Qué comes normalmente?

a Ceno con mi familia a las ocho y media.
b Cereales, café y a veces tostadas.
c Me ducho por la mañana y me baño por la tarde.
d Me levanto a las siete y media.
e Muy tarde: a las doce y media.
f Normalmente antes de cenar, de cinco a siete.
g Pollo y verdura y, de postre, algo de fruta.

132 ciento treinta y dos

¡Ahora, tú! ¡extra! La rutina diaria • 8

1 📖 **Lee la entrevista y contesta a las preguntas.**
Read the interview and answer the questions. (◂◂ p.76)

Pop de Hoy: ¡Hola! Hoy tenemos con nosotros a la famosa cantante Lidia Ruiz. ¡Buenas tardes, Lidia!

Lidia Ruiz: ¡Hola! ¿Qué tal?

Pop de Hoy: ¡Fantástico! Lidia, nuestros lectores querrán saber qué hace una persona famosa en un día normal. Vamos a ver, ¿a qué hora te levantas?

Lidia Ruiz: Bueno, depende. Cuando estoy en mi casa, bastante tarde, a las diez o diez y media. ¡Me encanta desayunar lentamente delante de la tele! Siempre desayuno pan tostado y un café.

Pop de Hoy: ¿Y cuando no estás en casa?

Lidia Ruiz: Si estoy de gira, me levanto muy temprano, a las siete o siete y media, y después voy a ensayar con mi grupo, para preparar los conciertos.

Pop de Hoy: ¿A qué hora comes normalmente?

Lidia Ruiz: Bueno, normalmente como a la una. No almuerzo mucho, sólo un bocadillo de queso, o una ensalada y, de postre, una fruta. ¡Tengo una dieta muy sana!

Pop de Hoy: ¿Y la cena?

Lidia Ruiz: Cuando estoy en casa, ceno temprano, a las nueve, y me gusta mucho la pasta. Pero si estoy de gira, ceno después de los conciertos. Ceno normalmente en un restaurante, a las once o las doce. Y me gusta cenar pescado con verdura, ¡y me encantan los helados!

Pop de Hoy: Bueno, Lidia, muchas gracias. ¡Buena suerte con tus conciertos!

Lidia Ruiz: Muchas gracias. ¡Hasta pronto!

de gira – on tour

1 ¿A qué hora se levanta Lidia cuando está en casa?
2 ¿A qué hora se levanta cuando está de gira?
3 ¿Qué le gusta desayunar?
4 ¿A qué hora come?
5 ¿Qué le gusta comer?
6 ¿A qué hora cena cuando está en casa? ¿Qué cena?
7 ¿Qué cena cuando está de gira? ¿Dónde?

2 ✏️ **Escribe una carta a tu amigo/a español(a). Describe tu rutina entresemana y los fines de semana.**
Write a letter to your Spanish penfriend. Describe your daily routine during the week and at the weekend. (◂◂ p.72–75)

¡Hola, Paco!
Normalmente entresemana me despierto a las…

3 📖 **Pon las palabras y frases en el orden correcto.**
Put the words and sentences in the correct order. (◂◂ p.72–73)

1 las a levanto me media siete y
2 a ceno ensalada las nueve pasta una y
3 a a casa con cuatro hermano las mi vuelvo
4 de deberes delante hago la la los me por relajo tarde tele y
5 a acuesto cuarto diez las me menos
6 café con desayuno leche tostadas un y

ciento treinta y tres

¡Ahora, tú!   El cole • 9

1 Lee la carta acerca del colegio de Juanjo y haz una lista de las instalaciones.
Read the letter about Juanjo's school and make a list of its facilities. (◀◀ p.82–83)

Ejemplo: laboratorios de ciencias.

> Lima, 2 de mayo
>
> ¡Hola!
>
> Mi colegio se llama Colegio San Roque. Es un colegio para Guardería, Primaria y Secundaria. Es muy moderno, data de 1999. Es muy grande. Tiene aulas, salas de ordenadores, música y arte. Hay una biblioteca, un comedor y unas oficinas administrativas.
>
> Tiene una zona deportiva con piscina, campo de fútbol, cancha de baloncesto y voleibol.
>
> Hay laboratorios de física, química y biología.
>
> Un saludo,
>
> Juanjo

2 Mira el horario de Mariluz y lee su carta. Corrige los seis errores.
Look at Mariluz's timetable and read her letter. There are six mistakes in the letter. Correct them. (◀◀ p.84)

Ejemplo: Tengo *siete* clases al día.

	8.30	9.20	10.10	10.40	11.30	12.20	13.20	14.10	15.00
lunes	inglés	química	recreo	historia	matemáticas	comida	física	dibujo	deporte

> Tengo seis clases al día. Las clases duran cinco minutos. Prefiero el lunes porque me gustan las asignaturas prácticas. Por la tarde tengo física, tecnología y deporte. Empiezo las clases a las ocho y media. Por la mañana tengo primero inglés y luego a las nueve menos veinte tengo química. Después del recreo tengo matemáticas. No se me dan bien. Termino a las cuatro y diez.

3 Copia y rellena los espacios en blanco con las palabras del cuadro.
Copy and fill the gaps with words from the box. (◀◀ p.86–88)

> instituto   divertido   asignaturas   francés   se me da bien   llego   es   son   alumnos   aulas   religión

1 Hay mil doscientos (…) y ochenta profesores.
2 El profesor de ciencias es muy (…).
3 Hay muchas (…) en la planta baja.
4 Me gusta el español pero prefiero el (…).
5 La biología (…) (…) (…) (…).
6 Voy al (…) San Roque.
7 La cocina (…) muy útil.
8 La (…) no se me da bien.
9 Mis (…) favoritas son geografía e historia.
10 Las matemáticas (…) difíciles.
11 (…) al instituto a las ocho y media.

¡Ahora, tú! ¡extra!

El cole • 9

1 📖 Hay dos cartas mezcladas aquí. Separa las frases para crear dos cartas – una positiva, la otra negativa.
There are two letters combined here. Separate the sentences to make two letters – one positive, the other negative. (◀◀ p.86–88)

> Me encanta el colegio.

> Es aburrido y las asignaturas no son útiles.

> Se me da bien el dibujo. Es fácil y divertido.

> Mi profesora de francés es muy simpática y me gusta mucho.

> Las matemáticas son difíciles y no se me dan bien. Odio la química y la biología es muy complicada.

> No me gusta levantarme por la mañana. Prefiero quedarme en la cama.

> Me gustan los lunes. Voy al club de informática. Es muy interesante.

> Estudio mucho en casa y hago tres horas de deberes por la noche.

> Mis profesores no son simpáticos. Son muy severos.

> Odio mi colegio. No voy a un club y no hago actividades extracurriculares. Son aburridas y estúpidas. Prefiero jugar con mis amigos.

2 📖 ¿Eres buen estudiante? Haz esta encuesta de una revista española.
Are you a good student? Do this survey from a Spanish magazine. (◀◀ p.86–88)

1. Es fiesta. No hay clase. ¿Qué haces?
   a ¡Estupendo! Voy a la playa.
   b Es una pena. Es el club de informática hoy.
   c Voy a estudiar en casa.

2. Sales con los amigos y no haces tus deberes. ¿Qué haces?
   a Hago los deberes en clase.
   b No hago los deberes.
   c Me levanto a las seis para hacer los deberes.

3. Estás un poco enfermo. ¿Qué haces?
   a Voy a clase. Quiero hablar con mis amigos.
   b No voy. Estudio en casa.
   c No voy. Veo la televisión.

4. El autobús no llega. ¿Qué haces?
   a Vuelvo a casa.
   b Voy andando para no llegar tarde.
   c Espero el próximo autobús que llega una hora más tarde.

5. Tienes un examen y sacas $\frac{1}{10}$. ¿Qué haces?
   a Trabajo muchísimo para recuperar.
   b No trabajo. ¿Por qué trabajar?
   c Voy a trabajar en el futuro si es un examen importante.

6. Estás en clase y tus amigos están hablando. ¿Qué haces?
   a Termino el trabajo y hablo con ellos.
   b Hablo con ellos, claro.
   c Estoy para estudiar no para hablar.

7. No tienes bolígrafo. ¿Qué haces?
   a Nada. No tengo bolígrafo. No puedo trabajar.
   b Escucho pero no escribo.
   c Pido prestado un bolígrafo.

8. Hay un examen importante mañana. El profesor ofrece clases extra a mediodía. ¿Qué haces?
   a Voy si no tengo club de baloncesto.
   b Voy al patio a jugar al voleibol.
   c Voy a las clases.

	1	2	3	4	5	6	7	8
a	0	5	5	0	10	5	0	5
b	5	0	10	10	0	0	5	0
c	10	10	0	5	5	10	10	10

Puntos

80–65 ¡Eres buen estudiante! Los estudios se te dan bien.

60–30 Estudias pero no tienes mucho interés. Te gusta bastante el tiempo libre. No vas a sacrificar mucho tiempo.

25–0 ¡Eres muy vago! No estudias y no te gusta el colegio.

ciento treinta y cinco **135**

¡Ahora, tú! En la oficina de turismo • 10

1 *Replace the images with the correct vocabulary.* (◀◀ p.90–91)

Londres, 15 de mayo

Estimado señor:

Vamos a pasar [semana] en Granada en [agosto]. Le ruego me envíe un [plano de Granada] y un [mapa de Andalucía].

Necesito una [lista de campings] también.

Me interesa la historia y me gusta comer. Necesito también [folleto de Granada] y [lista de restaurantes].

Agradeciéndole de antemano, le saluda atentamente,

Paul Rogers

2 *Look at the town plan and follow the directions. Write down the letters that you go past.* (◀◀ p.92)

Ejemplo: 1 C, G

1. Siga todo recto y tome la tercera calle a la derecha. Siga todo recto.
2. Tome la primera calle a la derecha y siga todo recto.
3. Siga todo recto. Tome la tercera a la izquierda y está a la derecha.

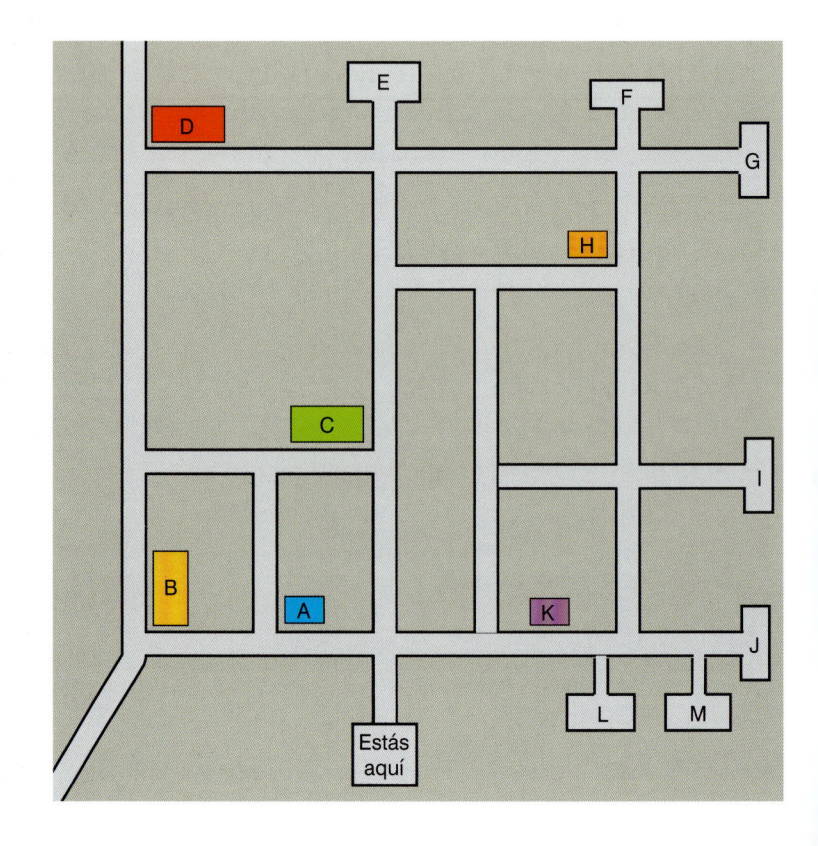

¡Ahora, tú! ¡extra! En la oficina de turismo • 10

1 ✏️ **Usando el plano de la ciudad en la página 136, escribe unas direcciones para tu pareja.**
Using the town plan on page 136, write directions for your partner. (◀◀ p.92–93)

Ejemplo: **A: Siga todo recto y tome la primera calle a la izquierda. Está a la derecha.**

2 📖 **Une las dos partes de las frases. Hay varias posibilidades.**
Join up the two parts of the sentences. There are various possibilities. (◀◀ p.96)

Ejemplo: **Vi una película muy buena.**

1 Vi — en la playa.
2 Tomé el sol — una película muy buena.
3 Leí — el museo de la ciudad.
4 Visité — en restaurantes muy buenos.
5 Escribí — a un partido de fútbol.
6 Comí con mi familia — un libro de ciencia ficción.
7 Fui — postales a mis amigos.

3 📖 **Lee lo que dicen los amigos. ¿Quién es la persona culpable?**
Be a detective. Read what the friends say. Who is the culprit? (◀◀ p.96)

> oí – *I heard*
> oímos – *we heard*
> hicimos – *we did*
> muerto – *dead*
> nadie – *nobody*

Siete amigos van a casa del Señor Montoya a cenar. Cenan y van a la cama. A las dos y media, se oye un grito tremendo ¡Aaaaaaggggghhhhh! A la mañana siguiente el Sr Montoya no se levanta. ¡Está muerto en su cama!

Conchita: Yo fui a la cocina a tomar un vaso de agua a las dos y cuarto. Vi a Jorge. Hablamos una media hora. Oímos un grito a las dos y media pero no hicimos nada.

Rafa: Helena y yo leímos en la cama hasta la una y media. No oímos nada durante toda la noche.

Pepe: Fui al salón a las dos y diez y vi a Juan. Vi la película con él. Fui a la cama a las tres. No oí el ruido por la televisión.

Jorge: A las dos y media fui a la cocina con Conchita. Fui a la cama a las tres menos diez, más o menos.

Helena: Fuimos a la cama a la una y leí en la cama.

Isabel: Fui a la cama a la una y media. Fui a la cocina a las dos y veinte. Tomé un vaso de leche y volví a mi dormitorio. No hablé con nadie.

Juan: Fui a la cama muy, muy tarde. Vi una película en la televisión. Terminó a las tres y cuarto.

4 ✏️ **Contesta a las preguntas del detective.**
Answer the detective's questions. (◀◀ p.96)

Ejemplo: **1 Fui a la cama a la una y media.**

1 Isabel, ¿a qué hora fuiste a la cama?
2 Helena, ¿a qué hora fuiste a la cama con Rafa?
3 Rafa, ¿fuiste a la cocina?
4 Conchita, ¿viste a Jorge o a Isabel en la cocina?
5 Pepe, ¿a quién viste en el salón?
6 Juan, ¿qué hiciste?
7 Pepe, ¿a qué hora fuiste a la cama?

ciento treinta y siete **137**

¡Ahora, tú!   La ropa • 11

1 📖 **¡extra!** Pon las frases en orden para hacer un diálogo en una tienda de ropa. *Put the sentences in the appropriate order to form a dialogue at a clothes shop.* (◀◀ p.104–105)

Ejemplo: 5, 10…

1 ¿De qué color?
2 Adiós.
3 Aquí tiene.
4 Talla 40.
5 ¿Qué desea?
6 De color azul oscuro, o negros.
7 Muchas gracias. Adiós.
8 ¿De qué talla?
9 Muy bien, me gustan mucho. Me los llevo. ¿Cuánto cuestan?
10 Me gustaría unos pantalones.
11 Sí, claro. ¿Cómo le quedan?
12 ¿Me los puedo probar?
13 Son 35€.

2 ✏️ Describe la ropa que queda. *Describe the other items of clothing.* (◀◀ p.100–103)

3 📖 Lee el correo electrónico de Paula. Elige la respuesta correcta. *Read the e-mail from Paula. Choose the correct answer.* (◀◀ p.100–103)

Ejemplo: 1 c

1 Paula wears to school
   a jeans and T-shirt
   b a dress
   c a uniform
2 Paula thinks that her uniform is
   a great
   b boring
   c convenient
3 To go out with friends, Paula wears
   a T-shirt and jeans
   b skirt and high heels
   c dress and sandals
4 Paula's favourite gloves are
   a orange
   b flowery
   c stripey
5 For her holidays, Paula wears
   a shorts and sunglasses
   b jeans and a hat
   c skirt and T-shirt

¡Hola, María! ¿Qué tal? Yo estoy muy bien.

En tu último correo electrónico me preguntabas qué ropa me gusta llevar. Bueno, depende. Para ir al colegio, llevo un uniforme: una camisa blanca, un jersey gris, una falda de cuadros grises y medias blancas. Mi uniforme no está mal, pero es un poco aburrido.

Cuando salgo con mis amigos, me gusta llevar una camiseta rosa y unos vaqueros negros. Cuando hace frío, me gustan mucho las chaquetas vaqueras y los guantes. Me gustan mucho mis guantes naranja.

En mis vacaciones me gusta llevar gafas de sol, una gorra roja, pantalones cortos de flores y una camiseta sin mangas.

¿Y tú? ¿Llevas uniforme? ¿Cómo es? ¿Qué te gusta llevar cuando sales con amigos, o cuando estás de vacaciones?

Escríbeme pronto,

Paula

4 ✏️ Contesta al correo electrónico de Paula respondiendo a sus preguntas. *Reply to Paula's e-mail, answering all the questions she asks.*

¡Ahora, tú! ¡extra!

La ropa • 11

1 📖 **Une las descripciones con la ropa apropiada. ¡Ojo! Hay más ropa que descripciones.**
Join the descriptions to the items of clothing. Careful! There are more items than descriptions. (◀◀ p.100–103)

Ejemplo: 1 c

1. Me gustaría una camisa de flores de manga corta.
2. Quisiera unos pantalones vaqueros de color azul claro, por favor.
3. ¿Tiene unos zapatos negros de tacón alto?
4. Busco un vestido blanco o rojo y largo.
5. Quiero un jersey rosa, por favor.
6. Me gustaría una falda de rayas, bastante corta.

2 📖 **Lee las descripciones y escribe las palabras españolas.**
Read the descriptions and write the Spanish words. (◀◀ p.100)

Ejemplo: 1 falda

1. Para las chicas, parte del uniforme. (*5 letters*)
2. Puede ser de béisbol (*5 letters*)
3. Normalmente de manga corta, para chicos y chicas (*8 letters*)
4. Normalmente son azules (*8 letters*)
5. Encima de la ropa cuando hace frío (*6 letters*)
6. De tacón alto o planos (*7 letters*)
7. A veces con corbata (*6 letters*)
8. Dentro de los zapatos (*10 letters*)
9. Para las chicas, por ejemplo para una fiesta (*7 letters*)
10. Para las chicas, función similar a los calcetines (*6 letters*)
11. Encima de la camisa, bastante formal (*8 letters*)
12. Llevas dos, para las manos, cuando hace frío (*7 letters*)

ciento treinta y nueve 139

¡Ahora, tú!   La paga • 12

1 📖 **Mira los sondeos y contesta a las preguntas de abajo.**
Look at the questionnaires and answer the questions below. (◀◀ p.108)

NOMBRE	Adriana
APELLIDO	Solano
EDAD	14
DINERO	20€
TRABAJO	Tienda
SUELDO	40€
GASTOS	Revistas, libros, CDs

NOMBRE	Andrés
APELLIDO	Espronceda
EDAD	15
DINERO	10€
TRABAJO	Garaje
SUELDO	35€
GASTOS	Salir – cine, ropa

NOMBRE	Bea
APELLIDO	Alvarez
EDAD	16
DINERO	15€
TRABAJO	Bar
SUELDO	30€
GASTOS	Coleccionar sellos, ahorrar

¿Quién es?

Ejemplo: 1 Adriana.

1 Le gusta leer y escuchar música.
2 Gana su dinero sirviendo a los clientes por la noche.
3 Le gusta salir.
4 Ahorra
5 Recibe 45€ a la semana en total.
6 Trabaja con coches.
7 No tiene catorce años y no tiene quince años.
8 Recibe más dinero.
9 Gana 30€ a la semana.

2 📖 **Pon las palabras en orden para hacer frases.**
Put the words in order to make sentences. (◀◀ p.108–109)

1 bebidas dinero Gasto mi en chocolate y.
2 Mis me mi me dan 15€ 5€ y padres abuelo da.
3 padres me ropa compran Mis.
4 Recibo semana la a 20€.
5 desayuno camas Hago y el preparo las.
6 pero No a mis padres ayudo en trabajo casa.
7 5€ la Ahorro a semana.
8 ir mucho Ahorro para de vacaciones.

3 ✏️ **Has ganado la lotería. Describe una semana típica para demostrar cómo gastas el dinero.**
You have won the lottery. Describe a typical week showing how you spend the money. (◀◀ p.112–114)

Ejemplo: El lunes me levanto a las doce. Voy al centro y compro 10 revistas de deporte.
El martes …

Gasto 10,000€ en CDs.
Compro un coche nuevo para mis padres.
Voy al centro comercial a comprar regalos para mis amigos.
Voy de vacaciones al Caribe.
Compro un yate.
Voy al cine para ver películas.

¡Ahora, tú! ¡extra!   La paga • 12

4 📖 Haz esta encuesta de una revista española. *Do this quiz from a Spanish magazine.* (◀◀ p.110–114)

Tu dinero y tú: ¿cómo eres?

1. Es tu cumpleaños y recibes un regalo de 100€. ¿Qué haces?
   a. ¡Estupendo! Invito a mis amigos a salir. Lo gasto todo.
   b. Compro unas zapatillas de deporte y ahorro el resto.
   c. Ahorro todo.

2. Necesitas unos libros para tus estudios y tus padres no tienen bastante dinero para comprarlos. ¿Qué haces?
   a. No los compro.
   b. Los compro yo. Si apruebo en los exámenes voy a ganar más.
   c. Explico a mis amigos que no tengo bastante dinero y compartimos los libros.

3. Trabajas en un bar y puedes trabajar más. Vas a ganar mucho pero tus estudios van a sufrir. ¿Qué haces?
   a. Trabajo más pero no demasiado.
   b. Con mi dinero puedo ir de vacaciones. Voy a trabajar, claro.
   c. No acepto. Mis estudios son más importantes.

4. Son las dos de la madrugada. Tienes que esperar una hora para el autobús. ¿Qué haces?
   a. Vuelvo a casa andando.
   b. Voy en taxi. Es caro pero me gusta dormir.
   c. Espero el próximo autobús.

5. Es el cumpleaños de tu novio/a. ¿Qué haces?
   a. Trabajo para comprar ropa muy elegante.
   b. Le compro una cosa buena pero menos cara.
   c. No tengo dinero. No compro nada.

6. La tienda cierra y no tienes tu dinero. ¿Qué haces?
   a. Ayudo a mis padres en casa para ganar un poco.
   b. Busco otro trabajo.
   c. No hago nada. Tengo un poco de dinero.

7. Te gusta una chaqueta cara. ¿Qué haces?
   a. Nada. No tengo el dinero. No compro la chaqueta. ¡Es fácil!
   b. Me compro la chaqueta. ¡La necesito!
   c. Tengo el dinero pero pido ayuda a mis padres. Ellos pagan la mitad.

8. Un amigo necesita 100€. Tienes el dinero. ¿Qué haces?
   a. Le presto el dinero, claro. Es mi amigo.
   b. Le presto 50€ y le digo que si necesita más que me lo pida.
   c. No le presto dinero. ¡Es mi dinero!

	1	2	3	4	5	6	7	8
a	0	0	5	10	10	5	10	10
b	5	10	0	0	5	10	0	5
c	10	5	10	5	0	0	0	0

Puntos

80–65 ¡Eres muy prudente! Eres generoso pero inteligente. Para ti lo importante es el futuro y no lo gastas todo en un momento. Vas a tener éxito en la vida.

60–30 Eres bastante prudente. Te gusta ganar dinero pero te gusta también gastar tu dinero. Te gusta divertirte pero no eres tonto.

25–0 ¡Eres un caso! Lo importante para ti es divertirte. Eres egoísta y vas a sufrir en el futuro si no cambias.

apruebo (aprobar) – *to pass (an exam)*
la ayuda – *help*
compartir – *to share*
divertirse – *to have a good time*
egoísta – *selfish*
el éxito – *success*

de la madrugada – *in the morning (early hours)*
el novio/a – *boyfriend/girlfriend*
pido (pedir) – *I ask for*
prestar – *to lend*
tienes que esperar – *you have to wait for*

Gramática

- Use these pages to check any grammar point you're not sure of.
- If you're still not sure, ask your teacher.

A Masculine/feminine, singular/plural

A1	**Nouns**	page 143
A1.1	Singular and plural	
A1.2	Masculine and feminine	
A2	**Determiners**	page 143
A2.1	el, la, los, las *the*	
A2.2	un/una, unos/unas, *a/an, some*	
A2.3	mi, tu, su, etc. *my, your, his/her*	
A3	**Adjectives**	page 143
A3.1	Masculine/feminine, singular/plural	
A3.2	The position of adjectives	
A3.3	No capitals for adjectives of nationality	
A3.4	Comparative adjectives	

B Verbs

B1	**The present tense of regular verbs**	page 144
B2	**Reflexive verbs**	page 144
B3	**The present tense of irregular verbs**	page 145
B3.1	Verbs which are irregular in the *yo* form only	
B3.2	The present tense of *tener* and *venir*	
B3.3	The present tense of *estar* and *ser* (to be)	
B3.4	The present tense of *ir* (to go)	
B3.5	Stem-changing verbs	
B4	**Gustar, encantar**	page 146
B5	**The immediate future**	page 147
B6	**The preterite tense**	page 147
B7	**Polite singular commands**	page 147
B8	**Infinitives**	page 147
B9	**In order to …**	page 147
B10	**Gerunds**	page 148

C Other parts of a Spanish sentence

C1	**Pronouns**	page 148
C1.1	Subject pronouns	
C1.2	Direct object pronouns: it, them	
C1.3	Disjunctive pronouns	
C2	**Negative sentences**	page 149
C3	**Questions**	page 149
C4	**Prepositions**	page 149
C4.1	a: al, a la	
C4.2	de: del, de la	
C4.3	More prepositions	
C5	**hay (there is, there are)**	page 150
C6	**Linking sentences**	page 150
C7	**y/e, o/u**	page 150
C8	**Word order**	page 150

D Numbers, time, frequency

D1.1	**Numbers**	page 151
D1.2	Ordinal numbers	
D2	**Time**	page 151
D3	**Days and dates**	page 152
D4	**When and how often**	page 152

Here's an example of where part of a Spanish sentence is explained:

el (A2.1)   **al** (C4.1)   **con** preposition (C4.3)   nouns (A1)

- El fin de semana, voy al polideportivo con mis amigos.

fin de semana   **voy**   **mis**
when/how often (D4)   irregular verb (B3.4)   my (A2.3)

Glossary of terms

- **Adjectives** los adjetivos
  … are words that describe somebody or something:
  pequeño *small*, **verde** *green*

- **Determiners**
  … come before nouns and limit them:
  los *the*, **un** *a*, **mi** *my*

- **The infinitive** el infinitivo
  … is the name of the verb, as listed in a dictionary:
  jugar *to play*, **ir** *to go*

- **Nouns** los sustantivos
  … are words for somebody or something:
  hermano *brother*, **música** *music*

- **Prepositions** las preposiciones
  … are words or phrases used with nouns to give information about when, how, where, etc:
  a *to*   **con** *with*
  en *in*   **encima de** *on top of*

- **Pronouns** los pronombres
  …are short words used instead of a noun or name:
  yo *I*   **tú** *you*   **él** *he*   **ella** *she*

- **Singular and plural** singular y plural
  – *singular* refers to just <u>one</u> thing or person:
  goma *rubber*
  hermano *brother*
  – plural refers to more than one thing or person:
  gomas *rubbers*
  hermanos *brothers*

- **Verbs** los verbos
  … express an action or a state:
  vivo *I live*   **tengo** *I have*
  juega *she plays*

Gramática

The following abbreviations are used: *m.* = masculine, *f.* = feminine, *sing.* = singular, *pl.* = plural

A Masculine/feminine, singular/plural

A1 Nouns

A1.1 Singular and plural nouns

- As in English, Spanish nouns can be singular or plural. Nouns ending in a vowel (a, e, i, o, u) add –s:
    1 hermano, 2 hermanos *1 brother, 2 brothers*

- Nouns ending in a consonant add –es in the plural.
    1 animal, 2 animales *1 pet, 2 pets*

- There are some exceptions for words ending with a consonant:
    1 ratón, 2 ratones
    1 mouse, 2 mice (the accent disappears)
    1 lápiz, 2 lápices
    1 pencil, 2 pencils (the z becomes a c)
    1 hámster, 2 hámsters
    1 hamster, 2 hamsters (words borrowed from English usually end with –s)

A1.2 Masculine and feminine nouns

- One key difference between English and Spanish grammar is that all Spanish nouns fall into one of two categories. We call these categories masculine and feminine. Most masculine nouns end in –o and most feminine nouns end in –a.
    For example: – **centro, supermercado, parque, fútbol, piano** are all masculine nouns.
    – **familia, música, geografía, televisión** are all feminine nouns

- Some nouns have a masculine and a feminine form:
    el profesor *the male teacher*
    la profesora *the female teacher*

A2 Determiners

A2.1 el, la, los, las the

- The word for 'the' depends on whether the noun is masculine or feminine, singular or plural.

masculine singular	feminine singular	masculine plural	feminine plural
el	**la**	**los**	**las**
el gato *the cat*	la mesa *the table*	los pisos *the flats*	las tías *the aunts*

- **el**, **la**, **los** and **las** are sometimes used when we don't say 'the' in English.
    El español es importante *Spanish is important*
    Me gusta **la** historia *I like history*

- **el/los** are also used with expressions of time:
    el lunes *on Monday*   **los** martes *on Tuesdays*

A2.2 un/una, unos/unas a/an, some

- Like the words for 'the', the words for 'a/an' and 'some' depend on whether the noun is masculine or feminine, singular or plural.

masculine singular	feminine singular	masculine plural	feminine plural
un	**una**	**unos**	**unas**
un libro *a book*	**una** casa *a house*	**unos** amigos *some friends*	**unas** reglas *some rulers*

- After **tener** and **hay** in the negative, **un/una** is dropped:
    ¿Tienes una goma? *Have you got a rubber?*
    No, no tengo goma. *No I haven't got a rubber.*
    ¿Hay un supermercado aquí?
    Is there a supermarket here?
    No, no hay supermercado en la aldea.
    No, there isn't a supermarket in the village.

- Directly before feminine nouns beginning with a– or ha–, where the stress is on the first syllable, **el** and **un** are used instead of **la** and **una**. This is just to make it easier to say and the noun remains feminine:
    el agua mineral (f) *the mineral water*

A2.3 mi, tu, su, etc. my, your, his/her

- The word for 'my', 'your', etc. depends on whether the noun it is used with is masculine or feminine, singular or plural:
    mi hermano *my brother*   **mi** hermana *my sister*
    mis tíos *my uncles*   **mis** tías *my aunts*
    su cuaderno *his/her exercise book*
    sus libros *his/her books*

	masculine singular	feminine singular	masculine plural	feminine plural
my	**mi**	**mi**	**mis**	**mis**
your	**tu**	**tu**	**tus**	**tus**
his/her/ your (formal)	**su**	**su**	**sus**	**sus**
our	**nuestro**	**nuestra**	**nuestros**	**nuestras**
your	**vuestro**	**vuestra**	**vuestros**	**vuestras**
their/your (formal)	**su**	**su**	**sus**	**sus**

A3 Adjectives

A3.1 Masculine/feminine, singular/plural adjectives

- Adjectives are words that describe nouns. They agree in gender and number with the nouns they describe.

- In the dictionary, adjectives are usually listed in their masculine singular (*ms*) form: **small** adj. **pequeño**

ciento cuarenta y tres   143

Gramática

- Adjectives form their endings in several different ways.
  Type 1 (the most usual)
  Their endings show agreement in **gender** and **number**.

masculine singular	feminine singular	masculine plural	feminine plural
blanc**o** mejican**o**	blanc**a** mejican**a**	blanc**os** mejican**os**	blanc**as** mejican**as**

  Type 2
  The agreement shows in **number** but not in gender.

masculine and feminine singular	masculine and feminine plural
azul importante joven gris	azul**es** importante**s** jóven**es** gris**es**

  Type 3
  Adjectives of colour ending in –a **do not change** their endings to match the noun in gender or number.

masculine and feminine, singular and plural
naranja   lila   rosa

- To say 'a lot of', use the adjective *mucho/mucha/muchos/muchas*

- Where an adjective describes a group including both masculine and feminine people or things, use the masculine form.
  Los alumnos son ruidos**os**.
  The pupils (boys and girls) are noisy.

- Use *lo* before an adjective to mean 'the (…) thing …'
  Lo interesante es que…   *The interesting thing is that…*
  Eso es **lo** difícil.   *That's the difficult thing.*

A3.2 The position of adjectives

The position of adjectives is different from in English. In Spanish, adjectives generally follow a noun:
  un vestido **rojo** *a red dress*
  una casa **adosada** *a semi-detached house*

A3.3 No capitals for adjectives of nationality

- Adjectives of nationality begin with lower-case letters:
  John es **inglés**. *John is English.*
  María es **italiana**. *María is Italian.*

A 3.4 Comparative adjectives

- To make comparisons, use *más… que, menos… que*:
  Un vestido es **más** elegante **que** unos vaqueros.
  A dress is more elegant than jeans.
  Los zapatos son **menos** cómodos **que** las zapatillas de deporte.
  Shoes are less comfortable than trainers.

B Verbs

B1 The present tense of regular verbs

- Spanish verbs have different endings according to who is doing the action.
  Examples of the present tense in English are: *I speak, I am speaking; we go, we are going.*
  The regular pattern is:

	–ar	–er	–ir
	habl**ar** (to speak)	com**er** (to eat)	viv**ir** (to live)
yo	habl**o**	com**o**	viv**o**
tú	habl**as**	com**es**	viv**es**
él, ella, usted	habl**a**	com**e**	viv**e**
nosotros/as	habl**amos**	com**emos**	viv**imos**
vosotros/as	habl**áis**	com**éis**	viv**ís**
ellos, ellas, ustedes	habl**an**	com**en**	viv**en**

- The present tense expresses what is happening and what usually happens:
  Hablo inglés y español. *I speak English and Spanish.*
  Eduardo siempre **come** mucho.
  Eduardo always eats a lot.
  Normalmente, **vivimos** en Madrid.
  Normally, we live in Madrid.

- It can also express what is happening at the moment:
  ¡**Hablas** muy rápido! *You are talking very fast!*
  Ella **come** demasiado chocolate.
  She's eating too much chocolate.
  Vivimos con mis abuelos ahora.
  We are living with my grandparents now.

- In questions and with negatives, English often uses *do*. This is not translated into Spanish:
  No **hablo** muy bien. *I do not/don't speak very well.*
  ¿**Comes** pescado? *Do you eat fish?*
  No **vivimos** cerca del centro.
  We do not/don't live near the centre.

B2 Reflexive verbs

- Reflexive verbs have an extra part at the beginning of the verb, called the reflexive pronoun.

	llamarse (to be called)
yo	**me** llamo
tú	**te** llamas
él, ella, usted	**se** llama
nosotros/as	**nos** llamamos
vosotros/as	**os** llamáis
ellos, ellas, ustedes	**se** llaman

Me llamo Ricardo. *I'm called Ricardo.*
¿Cómo **se llama** tu hermano? *What's your brother called?*
Mis padres **se llaman** Belén y Paco.
My parents are called Belén and Paco.

Gramática

- Reflexive verbs often indicate an action done to oneself: e.g. to get (oneself) up, to wash (oneself). Other common reflexive verbs are:

bañarse	to have a bath, to bathe
ducharse	to have a shower
lavarse	to get washed
lavarse los dientes	to clean one's teeth
levantarse	to get up
peinarse	to brush one's hair
relajarse	to relax

  Me ducho rápidamente. *I have a shower quickly.*
  ¿Cómo **te relajas**? *How do you relax?*

- Some reflexive verbs are also stem-changing (see B3.5 on page 146).

acostarse (ue)	to go to bed
despertarse (ie)	to wake up
vestirse (i)	to get dressed

  Me acuesto a las once. *I go to bed at eleven.*
  No me despierto temprano. *I don't wake up early.*
  Me visto en seguida. *I get dressed straightaway.*

B3 The present tense of irregular verbs

B3.1 Verbs which are irregular in the *yo* form only

- Some common verbs are irregular in the *yo* form, but regular in all other parts:

dar	to give	(yo) **doy**	I give
hacer	to do, make	(yo) **hago**	I do, I make
poner	to put (on)	(yo) **pongo**	I put (on)
salir	to go out	(yo) **salgo**	I go out
ver	to see, watch	(yo) **veo**	I see

  Salgo los fines de semana. *I go out at weekends.*
  No **veo** mucho la tele. *I don't watch much TV.*

B3.2 The present tense of *tener* and *venir*

	tener *(to have)*	venir *(to come)*
yo	tengo	vengo
tú	tienes	vienes
él, ella, usted	tiene	viene
nosotros/as	tenemos	venimos
vosotros/as	tenéis	venís
ellos, ellas, ustedes	tienen	vienen

Tengo dos hermanos. *I've got two brothers.*
Tienen un gato. *They have a cat.*
¿**Vienes** a la fiesta? *Are you coming to the party?*
Mis amigos **vienen** más tarde. *My friends are coming later.*

- Tener (to have) is used in the following phrases where English uses the verb *to be*:

Tener … años	to be … years old
tener hambre	to be hungry
tener calor	to be hot
tener sed	to be thirsty
tener frío	to be cold
tener sueño	to be sleepy

  Tengo doce años. *I'm twelve years old.*
  ¿**Tenéis** frío, Carlos y Juan? *Are you cold, Carlos and Juan?*

B3.3 The present tense of *estar* and *ser* (to be)

- There are two verbs meaning 'to be' in Spanish: *estar* and *ser*.

	estar	ser
yo	estoy	soy
tú	estás	eres
él, ella, usted	está	es
nosotros/as	estamos	somos
vosotros/as	estáis	sois
ellos, ellas, ustedes	están	son

- Use **estar** to say where things are and to indicate temporary conditions:
  ¿Dónde **estás**, Ana? Estoy en el jardín.
  Where are you, Ana? I'm in the garden.
  El centro **está** muy ruidoso hoy.
  The centre is very noisy today.

- Use **ser** for describing people or things, and indicating more permanent conditions:
  Soy alto, pero mi hermano es bajo.
  I'm tall, but my brother is short.
  Los pueblos **son** blancos y muy bonitos.
  The villages are white and very pretty.

B3.4 The present tense of *ir* (to go)

- The verb *ir* is often followed by **a** (to).

	ir *(to go)*
yo	voy
tú	vas
él, ella, usted	va
nosotros/as	vamos
vosotros/as	vais
ellos, ellas, ustedes	van

  ¿**Vas** a la ciudad, Irene? *Are you going to town, Irene?*
  Voy a la piscina todos los días.
  I go to the swimming pool every day.

ciento cuarenta y cinco **145**

Gramática

B3.5 Stem-changing verbs

- The stem of a verb is what is left when you take off the ending. This group of verbs have changes to some parts of their stem.

- The letter **u** or **o** in the stem changes to **ue**:

	j**u**gar (to play)	p**o**der (to be able to)
yo	j**ue**go	p**ue**do
tú	j**ue**gas	p**ue**des
él, ella, usted	j**ue**ga	p**ue**de
nosotros/as	jugamos	podemos
vosotros/as	jugáis	podéis
ellos, ellas, ustedes	j**ue**gan	p**ue**den

Juego al fútbol. *I play football.*
Mi amigo **puede** jugar también.
My friend can play as well.

Other common verbs like *poder* where the o in the stem changes to *ue* are:

almorzar	to have lunch	encontrar	to find
costar	to cost	llover	to rain
dormir	to sleep	volver	to return

- Here are two verbs where the letter **e** in the stem changes to **ie**:

	qu**e**rer (to want, like)	pr**e**ferir (to prefer)
yo	qu**ie**ro	pref**ie**ro
tú	qu**ie**res	pref**ie**res
él, ella, usted	qu**ie**re	pref**ie**re
nosotros/as	queremos	preferimos
vosotros/as	queréis	preferís
ellos, ellas, ustedes	qu**ie**ren	pref**ie**ren

¿**Quieres** beber algo? *Do you want anything to drink?*
Paca **prefiere** café. *Paca prefers coffee.*

Other common verbs like this are:

| cerrar | to close | merendar | to have a snack |
| empezar | to begin | perder | to lose |

- In some verbs, the letter **e** in the stem changes to *i*. (This only happens in –ir verbs):

	pedir (to ask for)
yo	p**i**do
tú	p**i**des
él, ella, usted	p**i**de
nosotros/as	pedimos
vosotros/as	pedís
ellos, ellas, ustedes	p**i**den

¿Qué **pide** tu hermana? *What is your sister ordering?*
Pedimos chocolate caliente.
We are asking for hot chocolate.

Other common verbs like this are:

| repetir | to repeat | servir | to serve |

B4 Gustar, encantar

- ***Gustar*** is the verb used when expressing 'to like'. Its exact meaning is 'to be pleasing to'. Look at the examples below.

Me	gusta	el té		
To me	is pleasing	(the) tea	=	I like tea.
Me	gusta	leer		
To me	is pleasing	to read	=	I like to read.

- When talking about one thing (*el ... la ...*) use **me gusta**. When talking about more than one thing (*los ... las ...*) use **me gustan**:

  Me gusta el zumo de fruta.
  I like fruit juice. (To me is pleasing the fruit juice).
  Me gusta la naranjada.
  I like fizzy orange. (To me is pleasing the fizzy orange).
  Me gustan los churros.
  I like doughnuts. (To me are pleasing the doughnuts).
  Me gustan las peras.
  I like pears. (To me are pleasing the pears).

- If you are talking about an activity, use **me gusta** and the infinitive form of the verb:

  Me gusta salir al cine.
  I like to go out/going out to the cinema.
  Me gusta mucho **nadar**.
  I like to swim/swimming very much.

- Use **encantar** (to love) in a similar way:

one thing	more than one thing
me encanta (el ... la ...)	me encantan (los ... las ...)

  Me encanta ir a la playa. *I love to go/going to the beach.*
  Me encantan las uvas. *I love grapes.*

- You can express degrees of liking by using *mucho, bastante, un poco* and *no, no ... nada*.
  Me gusta mucho el francés. *I like French a lot.*
  Me gustan bastante las ciencias. *I quite like science.*
  ¿La historia? **Me gusta un poco.** *History? I like it a bit.*
  No me gusta la geografía. *I don't like geography.*
  No me gustan nada los deberes.
  I don't like homework at all.

- To express someone else's likes and dislikes, use the following table to help:

me	me
te	you (informal, sing.)
le	him, her, you (formal, sing.)
nos	us
os	you (informal, pl.)
les	them, you (formal, pl.)

¿**Te** gusta el pan?
Do you like the bread? (Is the bread pleasing to you?).
¿Juan? Sí, **le** gusta el regalo.
Juan? Yes, he likes the present. (The present is pleasing to him).
No **nos** gustan las gambas.
We don't like prawns. (The prawns are not pleasing to us).

Gramática

B5 The immediate future

The immediate future expresses what you are going to do soon or shortly.

- Use *ir a* (to go to) followed by an infinitive:
    Voy a jugar al tenis. *I am going to play tennis.*
    ¿Vas a salir con Marisa?
    Are you going to go out with Marisa?
    Van a hacer los deberes.
    They are going to do their homework.

- As in English, you can use part of *ir* followed by the infinitive *ir* to mean 'going to go':
    Voy a ir al polideportivo.
    I am going to go to the sports centre.
    Vamos a ir a la cafetería. *We are going to go to the café.*

B6 The preterite tense

- The preterite tense expresses what happened in the past:
    I went to a party last night. I wore jeans and a jumper and danced to the music.
    This is the pattern for regular verbs:

	–ar hablar (to speak)	–er comer (to eat)	–ir vivir (to live)
yo	hablé	comí	escribí
tú	hablaste	comiste	escribiste
él, ella, usted	habló	comió	escribió
nosotros/as	hablamos	comimos	escribimos
vosotros/as	hablasteis	comisteis	escribisteis
ellos, ellas, ustedes	hablaron	comieron	escribieron

Hablé con Juana por teléfono.
I spoke to Juana on the phone.
Comí con mis amigos en una pizzería.
I ate with my friends in a pizzería.
Escribí un mensaje de texto. *I wrote a text-message.*

- The spelling of the *yo* form of the verbs *jugar* (to play) and *navegar* (to surf) is slightly different. After the letter *g*, add *u* to keep the same hard ('guh') sound:
    Yo **jugué** bien pero Martín jugó mal.
    I played well, but Martín played badly.
    Navegué por Internet toda la noche.
    I surfed the net all night.

- The verb *ir* (to go) is irregular in the preterite tense:

	ir *(to go)*
yo	fui
tú	fuiste
él, ella, usted	fue
nosotros/as	fuimos
vosotros/as	fuisteis
ellos, ellas, ustedes	fueron

¿Adónde **fuiste** anoche? *Where did you go last night?*
Fui a casa temprano. *I went home early.*

B7 Polite singular commands

- These are instructions to do something. Polite or formal commands are made to someone to whom you would use *usted* – an adult you don't know, or someone in a position of authority.

Infinitive	Change last letter of the *usted* form		Singular command	English
–ar	hablar	habla →	hable	speak!
–er	comer	come →	coma	eat!
–ir	escribir	escribe →	escriba	write!

¡**Hable** más despacio, por favor! *Speak more slowly, please!*
Come la paella, señor – es muy buena.
Eat the paella, sir – it's very good.
Escriba su apellido, por favor.
Write down your surname, please.

- Some commands have irregular forms:

Infinitive	Singular command	English
seguir *to follow, carry on*	**siga**	carry on ...!
torcer *to turn*	**tuerza**	turn ...!
cruzar *to cross*	**cruce**	cross ...!

Siga todo recto. *Carry straight on.*
Tuerza a la derecha. *Turn right.*
Cruce la calle. *Cross the street.*

B8 Infinitives

- In English, the infinitive of a verb begins with *to*: *to go, to have, to study* are all infinitive forms. In Spanish, the infinitive ends in one of three ways:
    –ar e.g. hablar *(to speak)*
    –er e.g. comer *(to eat)*
    –ir e.g. vivir *(to live)*
    This is the part of the verb you will find in the dictionary.

B9 In order to ...

- To express 'in order to' in Spanish, use *para* and the infinitive form of the verb:
    Ahorro dinero **para** viajar al extranjero.
    I'm saving money in order to travel abroad.
    Voy al centro **para** comprar ropa.
    I'm going to the centre in order to buy clothes.
    Hago deporte **para** estar en forma.
    I do sport in order to keep fit.

ciento cuarenta y siete

Gramática

B10 Gerunds

- The gerund is the part of the verb ending in '–ing' in English: watching, dancing. It is formed in Spanish like this:

Infinitive		Remove	Add	Gerund	English
–ar	ayudar	–ar	–ando	**ayudando**	helping
–er	vender	–er	–iendo	**vendiendo**	selling
–ir	escribir	–ir	–iendo	**escribiendo**	eating

  Gano dinero **vendiendo** periódicos.
  I earn money selling newspapers.
  Paso mucho tiempo **escribiendo** cartas.
  I spend a lot of time writing letters.

- The gerund of *servir* (to serve) is irregular: *sirviendo* (serving).
  Trabajo en el bar **sirviendo** a los clientes.
  I work in the bar serving customers.

- Although English often uses the gerund with verbs of liking/disliking, in Spanish you must use the infinitive form of the verb after *gustar*:
  Me gusta **visitar** pueblos bonitos.
  I like visiting/to visit pretty towns.
  Me encanta **ir** a la costa. *I love going/to go to the coast.*

C Other parts of a Spanish sentence

C1 Pronouns

C1.1 Subject pronouns

- Subject pronouns (I, you, he, she, etc) explain **who** is doing something. In Spanish, these are:

I	yo
you (informal, sing.)	tú
he	él
she	ella
you, (formal, sing.)	usted
we	nosotros/as
you (informal, pl.)	vosotros/as
they (masc.)	ellos
they (fem.)	ellas
you (formal, pl.)	ustedes

- Spanish uses different words for 'you' depending on whether the relationship is informal or formal.

  Informal
  When talking to a young person or child, or an adult you know well, use
  –**tú** when talking to one person
  –**vosotros** when talking to more than one person
  If the people you're talking to are female, use **vosotras**.
  Estoy bien, gracias, Juana. ¿Y tú?
  I'm fine, thanks, Juana. And you?
  ¿Qué tal vosotros, Paco y Felipe?
  How are you, Paco and Felipe?
  ¿Y vosotras, Ana y María? *And you, Ana and María?*

  Formal
  When talking to an adult you do not know or who is in authority, use
  –**usted** when talking to one person
  –**ustedes** when talking to more than one person
  Estoy muy bien. ¿Y usted, Sr. Muñoz?
  I'm very well. And you, Mr. Muñoz?
  ¿Y ustedes, Sr. y Sra. Galván?
  And you, Mr. and Mrs. Galván?

- You don't normally need to use the subject pronouns, as the ending of the verb tells you who is speaking. Use them for emphasis or to make things clear.
  <u>Él</u> va al instituto, pero <u>yo</u> no voy.
  <u>*He*</u> *is going to school, but* <u>*I'm*</u> *not going.*

C1.2 Direct object pronouns: it, them

- Pronouns replace a noun. They are often used in order to avoid repetition:
  The jumper is very pretty – I'll take it (the jumper).
  I like the shoes – I'll take them (the shoes).

- Object pronouns (*it, them*) in Spanish, match the number and gender of the noun they are replacing.

it	(m. sing.)	**lo**	¿El jersey? Me **lo** llevo.
			The jumper? I'll take it.
	(f. sing.)	**la**	¿La camisa? **La** dejo.
			The shirt? I'll leave it.
them	(m. pl.)	**los**	Los zapatos – ¿me **los** puedo probar?
			The shoes – can I try them on?
	(f. pl.)	**las**	Las sandalias – ¿me **las** puedo probar?
			The sandals – can I try them on?

C1.3 Disjunctive pronouns

- After certain prepositions like *para* (for) and *sin* (without), you need a disjunctive pronoun. You will see that they are the same as the subject pronouns (see C1.1 to the left), except for the first two. Note that you need an accent on **mí** to differentiate it from *mi* (my).

mí	me
ti	you (informal, singular)
él, ella, usted	him, her, you (formal, singular)
nosotros/as	us
vosotros/as	you (informal, plural)
ellos/as, ustedes	them, you (formal, plural)

  ¿Es para **mí**? ¡Gracias! *It's for me? Thank you!*
  ¿Y para **ti**? ¿Un té? *And for you? Tea?*
  Para **nosotros**, café. *For us, coffee.*

Gramática

C2 Negative sentences

- To make a sentence negative in Spanish, put the word *no* in front of the verb.

    No quiero café, gracias. *I don't want coffee, thanks.*
    No voy a ir al cine. *I'm not going to go to the cinema.*
    ¿**No** puedes venir mañana? *Can't you come tomorrow?*

- The following common negatives are wrapped around the verb:

    no ... nada   *nothing, not ... anything*
    no ... nadie   *no-one*
    no ... ni ... ni ...   *not either ... or .../ neither ... nor ...*

    No quiero **nada**. *I don't want anything.*
    No viene **nadie** a la fiesta. *No-one is coming to the party.*
    No tengo **ni** boli **ni** lápiz. *I have neither a biro nor a pencil.*

C3 Questions

- You can turn statements into questions by putting an upside down question mark at the beginning (¿) and one the right way up at the end (?) and making your voice go higher at the end of the sentence.

    Puedo ir al patio. *I can go to the playground.*
    ¿Puedo ir al patio? *Can I go to the playground?*
    Notice that the word order changes in English but not in Spanish.

- Many questions contain special question words like these:

cómo	how	¿Cómo vas al colegio?	How do you go to school?
cuándo	when	¿Cuándo nos encontramos?	When shall we meet?
cuánto	how much	¿Cuánto dinero recibes?	How much money do you get?
dónde	where	¿Dónde vives?	Where do you live?
por qué	why	¿Por qué no te gusta el inglés?	Why don't you like English?
qué	what	¿Qué vas a hacer?	What are you going to do?
quién	who	¿Quién te da el dinero?	Who gives you the money?

- When question words are not used in questions, they don't have an accent.

    No salgo **cuando** llueve. *I don't go out when it rains.*

- *Por qué* (why) becomes one word (*porque*) when it means 'because'.

    ¿**Por qué** no te gusta este libro? **Porque** es aburrido.
    Why don't you like this book? Because it's boring.

C4 Prepositions

C4.1 a: al, a la

- *a* means 'to':

    Voy **a** Madrid. *I'm going to Madrid.*
    ¿Vas **a** la discoteca? *Are you going to the disco?*

- *a + el > al*
  To make it easier to say, when *a* is followed by *el* it becomes *al*.

    Me gusta ir **al** cine. *I like going to the cinema.*

- *a* + distance and time
  To say that something is so many kilometres or minutes away, use *a*.

    Vivo **a** cinco minutos del centro.
    I live five minutes away from the centre.
    Mi casa está **a** quince kilómetros.
    My house is fifteen kilometres away.

C4.2 de: del, de la

- *de* means 'of':
  In English you say 'my parents' bedroom' and 'the Spanish teacher', but in Spanish you say, *el dormitorio **de** mis padres* (literally: the bedroom **of** my parents) and *el profesor **de** español* (literally: the teacher **of** Spanish).

- *de + el > del*
  As with *al*, to make it easier to say, when *de* is followed by *el* it becomes *del*.

    Vivo cerca **del** polideportivo. *I live near the sports centre.*

C4.3 More prepositions

- Some prepositions are followed by *de* in Spanish:

    al lado **de** *next to*   detrás **de** *behind*
    delante **de** *in front of*   debajo **de** *underneath*
    encima **de** *on top of*   cerca **de** *near*
    lejos **de** *far from*

    El pueblo está cerca **de** la costa. *The town is near the sea.*
    La lámpara está encima **del** armario.
    The lamp is on top of the cupboard.

- *En* means 'in' and is used in a lot of different expressions:
    en el norte *in the north*
    en Madrid *in Madrid*
    en clase *in class*
    en primavera *in spring*

- Use *para* (in order to) + infinitive to say the reason for doing something (cf **B9**).

    Trabajo **para** ahorrar dinero.
    I work (in order) to save money.

Gramática

C5 *hay* – there is, there are

Hay un banco enfrente.
There is a bank opposite.

Hay diez chicos en mi clase.
There are ten boys in my class.

- After **no hay**, you drop the indefinite article, **un/a**:
  Hay una piscina, pero no hay polideportivo.
  There is a swimming pool, but there isn't a sports centre.
  ¿Hay una bolera? No, no hay bolera en mi pueblo.
  Is there a bowling alley? No, there isn't a bowling alley in my town.

C6 Linking sentences

- Use the following words to link shorter sentences and make longer ones:

y *and*	Los sábados voy al cine **y** los domingos juego al baloncesto. *On Saturdays I go to the cinema **and** on Sundays I play basketball.*	
pero *but*	Me gustan las matemáticas **pero** prefiero la geografía. *I like Maths **but** I prefer Geography.*	
y luego *and then*	Los viernes por la tarde tenemos inglés **y luego** tenemos física. *On Friday afternoons we have English **and then** we have Physics.*	
o *or*	¿Prefieres la Coca-Cola **o** el té? *Do you prefer Coke **or** tea?*	
porque *because*	Odio la ciudad **porque** es ruidosa y sucia. *I hate the town **because** it's noisy and dirty.*	

C7 *y/e* and *o/u*

- **y** means 'and'. It changes to **e** when followed by a word beginning with *i* or *hi*.
  Estudio francés **e** inglés.
  *I study French **and** English.*
  Tengo clases de geografía **e** historia.
  *I have Geography **and** History classes.*

- **o** means 'or'. It changes to **u** when followed by a word beginning with *o* or *ho*.
  ¿Pensiones **u** hoteles? Aquí no.
  *Guest houses **or** hotels? Not here.*
  Hay siete **u** ocho en el centro.
  *There are seven **or** eight in the centre.*

C8 Word order

- As a general principle, descriptions usually <u>follow</u> the noun in Spanish, while they often come <u>in front of</u> the noun in English.

- Adjectives usually follow the noun they describe:
  un libro **interesante** *an interesting book*

- Expressions with **de**:
  la clase **de** informática *the IT class*
  un zumo **de** naranja *an orange juice*
  el club **de** baloncesto *the basketball club*
  la casa **de** mis primos *my cousins' house*

Gramática

D Numbers, time, frequency

D1.1 Numbers

1 un	6 seis	11 once	16 dieciséis	21 veintiuno
2 dos	7 siete	12 doce	17 diecisiete	22 veintidós
3 tres	8 ocho	13 trece	18 dieciocho	23 veintitrés
4 cuatro	9 nueve	14 catorce	19 diecinueve	24 veinticuatro
5 cinco	10 diez	15 quince	20 veinte	25 veinticinco

20 veinte	31 treinta y uno	100 cien (ciento)	600 seiscientos
30 treinta	32 treinta y dos	200 doscientos	700 **setecientos**
40 cuarenta	41 cuarenta y uno	300 trescientos	800 ochocientos
50 cincuenta	42 cuarenta y dos	400 cuatrocientos	900 **novecientos**
60 sesenta		500 **quinientos**	1000 mil
70 setenta			2000 dos mil
80 ochenta			
90 noventa			

- Use **cien** to talk about exactly a hundred:
  Hay **cien** alumnos. *There are a hundred pupils.*

- Use **ciento** when 100 is followed by another number:
  Ciento cuarenta y dos profesores.
  A hundred and forty-two teachers.

- Numbers are normally formed in the hundreds by adding **cientos** to the number: tres**cientos**
  BUT the following are exceptions: **quinientos**, **sete**cientos, **nove**cientos

- Numbers ending in *–cientos/as* are adjectives and must agree with the noun they describe:
  setecientos libros
  seven hundred books
  ochocientas veinte profesoras
  eight hundred and twenty female teachers

- In Spanish, the word 'and' is placed between the tens and units but **NOT** after the hundred words:
  trescientos cuarenta **y** dos *three hundred **and** forty-two*

- In Spanish, you don't need to add 'a' or 'one' before hundreds and thousands:
  cien = *a or one hundred*
  mil = *a or one thousand*

D1.2 Ordinal numbers

1st	primero/a	6th	sexto/a
2nd	segundo/a	7th	séptimo/a
3rd	tercero/a	8th	octavo/a
4th	cuarto/a	9th	noveno/a
5th	quinto/a	10th	décimo/a

- Ordinal numbers are adjectives so they agree with the noun they describe:
  La **primera** calle a la derecha. *The first street on the right.*
  Vivo en el **segundo** piso. *I live on the second floor.*

- When they come before a noun, *primero* and *tercero* lose their final *–o*:
  Está en el **primer** piso. *It's on the first floor.*

D2 Time

The 12-hour clock is written as follows:
Es la una
Es la una y cinco
Es la una y diez
Es la una y cuarto
Es la una y veinte
Es la una y veinticinco
Es la una y media
Son las dos menos veinticinco
Son las dos menos veinte
Son las dos menos cuarto
Son las dos menos diez
Son las dos menos cinco
Son las dos

- To talk about time past the hour use **y**:
  las dos **y** cuarto
  *a quarter past two (literally the two **and** quarter)*

- to talk about time to the hour use **menos**:
  las dos **menos** cuarto
  *a quarter to two (literally the two **minus** quarter)*

- to say at a certain time, use **a**:
  a las dos *at two o'clock*

- use **es** for any time related to one o'clock (*la una*) and **son** with all other hours:
  es la una *it's one o'clock*   **son** las tres *it's three o'clock*

ciento cincuenta y uno   **151**

Gramática

D3 Days and dates

- Use the usual numbers in dates:
    Mi cumpleaños es el treinta y uno de diciembre
    My birthday is on the 31st of December.

- Days and months don't have capitals in Spanish:
    lunes 5 de junio *Monday the 5th of June*

- When talking about what is happening on a specific day of the week, put **el** in front of the day:
    El lunes, voy al polideportivo.
    On Monday I'm going to the sports centre.

- When talking about what happens regularly on a certain day of the week, use **los**:
    Los domingos, salgo con mi familia.
    On Sundays I go out with my family.

D4 When and how often

Use the following phrases to say how often you do something:

una vez a la semana *once a week*
dos veces al mes *twice a month*
todos los días *every day*
el fin de semana *at weekends*
por la mañana/tarde *in the morning/afternoon*
temprano/tarde *early/late*
entresemana *during the week*

Vocabulario Español – Inglés

¡Así se hace! Using the glossary

Words are in alphabetical order. To find a word, look up its first letter, then find it according the alphabetical order of its 2nd and 3rd letters:

e.g. **amigo** comes before **azul** because **am-** comes before **az-**.

A

un **abrigo** m coat
abril April
abrir to open
la **abuela** f grandmother
el **abuelo** m grandfather
aburrido/a boring
el **aceite** m olive oil
las **aceitunas** fpl olives
acostarse to go to bed
 me acuesto I go to bed
la **actividad** f activity
el **adjetivo** m adjective
el **adverbio** m adverb
agosto August
Agradeciéndole de antemano,
 Thanking you in anticipation,
ahorrar to save
 Ahorro dinero. I save money.
el **ajedrez** m chess
ajustado/a tight
la **aldea** f village
el **alemán** m German
alemán/alemana German
la **Alemania** f Germany
algo something
 ¿Algo más? Anything else?
el **almuerzo** m lunch
 ¿Qué almuerzas?
  What do you have for lunch?
alto/a tall
el **alumno** m, la **alumna** f pupil
amarillo/a yellow
el **amigo** m, la **amiga** f friend
andando on foot
el **animal** m pet
el **año** m year
antipático/a nasty
apetecer to fancy (doing something)
 ¿Te apetece ir de compras?
  Do you fancy going shopping?
aprobar to pass
el **agua** m water
 el agua mineral con gas
  sparkling mineral water
 el agua mineral sin gas
  still mineral water
el **aparcamiento** m car park
aquí here
 aquí tiene here you are
el **armario** m wardrobe
las **asignaturas** fpl school subjects
Atentamente Yours truly,
 (Le) saluda atentamente,
  Yours sincerely,
el **atletismo** m athletics
el **atún** m tuna
el **aula** f classroom
el **autobús** m bus
ausente absent
avanzar to advance

ayer yesterday
la **ayuda** f help
ayudar to help
 ayudar a mis padres
  to help my parents
el **ayuntamiento** m town hall
azul blue

B

el **bacón** m bacon
bailar to dance
bajar to go down
 Baje la avenida. Go down the avenue.
bajo/a short
el **baloncesto** m basketball
el **bañador** m swimming costume
el **baño** m toilet
 ¿Puedo ir al baño, por favor?
  Can I go to the toilet, please?
el **bar** m bar
barato/a cheap
el **barrio** m area, district
bastante quite
el **batido** m milkshake
 el batido de chocolate
  chocolate milkshake
beber to drink
la **bebida** f drink
la **biblioteca** f library
bien good
 (No) se me da bien …
  I'm (not) good at …
la **biología** f Biology
blanco/a white
el **bocadillo** m sandwich
 el bocadillo de queso
  cheese sandwich
la **bolera** f bowling alley
el **bolígrafo** m biro
la **bolsa** f bag
bonito/a pretty
las **botas** fpl boots
Buenas tardes Good afternoon
Buenos días Good morning
la **bufanda** f scarf
buscar to look for

C

el **caballo** m horse
el **café** m coffee
 el café solo black coffee
 el café con leche coffee with milk
la **cafetería** f café
los **calamares** mpl calamari, squid
los **calcetines** mpl socks
callado/a quiet
el **calor** m heat
 Hace calor. It is hot.
 Tengo calor. I'm hot.
la **cama** f bed
el **camarero** m waiter

la **camarera** f waitress
 Trabajo de camarero/a.
  I work as a waiter/waitress.
la **camisa** f shirt
la **camiseta** f T-shirt
 la camiseta de tirantes
  strappy T-shirt
el **camping** m campsite
el **campo** m the countryside
 en el campo in the country
el **campo de deportes** m playing field
cansado/a tired
 Estoy cansado. I am tired.
cantar to sing
los **caramelos** mpl sweets
la **carne** f meat
caro/a expensive
la **carta** f letter
la **casa** f house
 la casa adosada
  semi-detached house
 en mi casa at my house
castaño chestnut, hazelnut
el **castillo** m castle
la **catedral** f cathedral
catorce fourteen
la **cena** f dinner
 Ceno. I have dinner.
 ¿Qué cenas?
  What do you have for dinner?
el **centro** m the centre
 en el centro in the centre
 ir al centro to go into town
cerca de near to
los **cereales** mpl cereal
cerrar to close
el **chalet** m detached house
la **chaqueta** f jacket
la **chica** f girl
el **chico** m boy
el **chocolate** m hot chocolate
la **chocolatina** f chocolate bar
las **ciencias** fpl Sciences
ciento/cien one hundred
cinco five
cincuenta fifty
el **cine** m cinema
 ir al cine to go to the cinema
la **ciudad** f the city
claro/a light
 rosa claro light pink
la **clase** f class, lesson
el **cliente** m, la **clienta** f customer
el **club** m club
 el club de fútbol football club
la **cobaya** f guinea pig
la **Coca-Cola** f coke
el **coche** m car
la **cocina** f kitchen, cookery
 la cocina de gas gas cooker
el **colegio** m school

ciento cincuenta y tres

Vocabulario Español – Inglés

el **color** m colour
    de (muchos) colores multicoloured
el **comedor** m dining room
    comer to eat
la **comida** f meal
la **comisaría** f police station
    ¿Cómo? How?, What?
    ¿Cómo es tu pueblo?
        What is your town like?
    cómodo/a comfortable
    compartir to share
    comprar to buy
    comprender to understand
        No comprendo. I don't understand.
el **coro** m choir
    Correos Post Office
la **cosa** f thing
la **costa** f coast
    en la costa on the coast
    creer to believe
        creo que… I believe that…
    cruzar to cross
        Cruce la plaza. Cross the square.
el **cuaderno** m exercise book
el **cuadro** m square
    de cuadros checked
    ¿cuándo? when?
    ¿cuánto? how much?
        ¿cuánto es? how much is it?
    ¿cuántos? how many?
        ¿Cuántos años tienes?
            How old are you?
el **cuarto de baño** m bathroom
    cuarenta forty
    cuatro four
    cuatrocientos four hundred
la **cuenta** f bill
    La cuenta, por favor. The bill, please.
el **cumpleaños** m birthday
    ¿Cuándo es tu cumpleaños?
        When is your birthday?
    Mi cumpleaños es el quince de junio.
        My birthday is on 15th June.

D

dar to give
    Mis padres me dan 4€.
        My parents give me 4€.
de of
debajo de under
    El gato está debajo de la cama.
        The cat is under the bed.
los **deberes** mpl homework
    hacer los deberes to do homework
decir to say
    ¿Cómo se dice 'pen' en español?
        How do you say 'pen' in Spanish?
    ¡Dígame! What can I get you?
dejar to leave
    Lo dejo, gracias. I'll leave it, thanks.
delante de… in front of…
delgado/a slim
demasiado too (much)
dentro de… inside (the sports centre)…
el **deporte** m sport
la **derecha** f right
    a la derecha on the right
    Está a la derecha.
        It's on the right.
desayunar to have breakfast
    Desayuno. I have breakfast.
    ¿Qué desayunas?
        What do you have for breakfast?
el **desayuno** m breakfast
la **descripción** f description
desde from
desear to want
    ¿Qué desean?
        What do you (polite plural) want?
despertarse to wake up
    Me despierto. I wake up.
destestar to detest
el **día** m day
    Buenos días. Good morning.
el **dibujo** m Art
diciembre December
diecinueve nineteen
dieciocho eighteen
dieciséis sixteen
diecisiete seventeen
los **dientes** mpl teeth
diez ten
difícil difficult
el **dinero** m money
    No tengo dinero.
        I don't have any money.
las **direcciones** fpl directions
la **discoteca** f disco
la **distancia** f distance
    ¿A qué distancia está? How far is it?
    Está a diez minutos andando.
        It is ten minutes away on foot.
    Está a cinco kilómetros en coche.
        It is five kilometres away by car.
    Está a diez minutos en autobús.
        It is ten minutes away by bus.
divertido/a entertaining
divertirse to have a good time
doce twelve
el **domingo** m Sunday
¿Dónde? Where?
    ¿Dónde vives? Where do you live?
    ¿Por dónde se va a…?
        How do I get to…?
el **dormitorio** m bedroom
    el dormitorio doble double bedroom
dos two
doscientos two hundred
    doscientos diez two hundred and ten
la **ducha** f shower
ducharse to have a shower
    Me ducho. I have a shower.
durar to last

E

la **edad** f age
educativo/a educational
egoísta selfish
él he/it
ella she/it
elegante elegant
emocionante exciting
empezar to begin
en in
encantar to enchant
    Me encanta(n) I love
    Me encanta el pueblo porque es
      muy bonito.
        I love the town because it is very
        pretty.
    Me encanta la comida española.
        I love Spanish food.
encontrar to find
encontrarse to find oneself, be situated
    ¿Dónde nos encontramos?
        Where shall we meet?
enero January
la **ensalada** f salad
entonces then
entre between
    entresemana during the week
el **equipo** m team
el **equipo de música** m music centre
escocés/escocesa Scottish
la **Escocia** f Scotland
escribir to write
    ¿Cómo se escribe 'Venezuela'?
        How do you write 'Venezuela'?
escuchar to listen
    escuchar música to listen to music
el **español** m Spanish (language)
español/española Spanish
esperar to wait for
la **estación** f station/season
estar to be (location)
    Está en el centro de España.
        It is in the centre of Spain.
    Está tranquilo hoy. It is quiet today.
el **este** m east
el **estuche** m pencil case
la **excursión** f trip
el **éxito** m success
extrasuave extra soft

F

fácil easy
la **falda** f skirt
la **familia** f family
la **Fanta (f) de limón/de naranja**
    lemon/orange Fanta
fatal terrible
febrero February
fenomenal great
feo/a ugly
el **fin** m end
    el fin de semana (at) the weekend
    los fines de semana (at) weekends
finalmente finally
la **física** f Physics
físico physical
la **flor** f flower
    de flores floral
el **folleto** m leaflet
formal formal
francés/francesa French
la **Francia** f France
la **fresa** f strawberry
frío/a cold
    Hace frío. It is cold.
    Tengo frío. I'm cold.
la **fruta** f fruit
el **fútbol** m football
    jugar al fútbol to play football

G

las **gafas** glasses
    las gafas de sol fpl sunglasses
el **Gales** m Wales
galés/galesa Welsh
las **galletas** fpl biscuits
ganar to earn
    ¿Cómo ganas dinero?
        How do you earn money?

Vocabulario Español – Inglés

Gano dinero trabajando en una tienda.
I earn money working in a shop.
el garaje m *garage*
gastar *to spend*
¿En qué gastas tu dinero?
What do you spend your money on?
Gasto mi dinero en CDs.
I spend my money on CDs.
el gato m *cat*
el gemelo m, **la gemela f** *identical twin*
genial *great*
la geografía f *Geography*
el gimnasio m *gym*
la goma f *eraser*
gordito/a *plump*
la gorra f *cap*
grande *large*
el granizado (m) de limón/de café
iced lemon/coffee
gris *grey*
los guantes mpl *gloves*
la química f *Chemistry*
gustar *to be pleasing to*
Me gusta(n). *I like.*
Me gusta la aldea. *I like the village.*
No me gusta la ciudad.
I don't like the city.

H

haber *to have*
hay *there is/there are*
En mi pueblo hay un cine.
In my town there is a cinema.
¿Qué hay para comer/beber?
What is there/what do you have to eat/drink?
la habitación f *room*
hablador(a) *talkative*
hablar *to speak*
¿Qué idiomas hablas?
What languages do you speak?
Hablo inglés, francés e italiano.
I speak English, French and Italian.
No hablo español.
I don't speak Spanish.
hacer *to do*
¿Qué haces? *What do you do?*
la hambre f *hunger*
Tengo hambre. *I'm hungry.*
la hamburguesa f *burger*
la hamburguesa con queso
cheese burger
el hámster m *hamster*
hasta *(up) to*
hay *there is/there are*
la heladería f *ice cream parlour*
el helado m *ice cream*
la hermana f *sister*
la hermanastra f *step/half sister*
el hermanastro m *step/half brother*
el hermano m *brother*
los hermanos gemelos mpl *twin brothers*
las hermanas gemelas fpl *twin sisters*
el hielo m *ice*
Hiela. *It is icy.*
la hija f *daughter*
Soy hija única.
I am an only child (fem).
el hijo m *son*
Soy hijo único.
I am an only child (masc).

la historia f *History*
histórico/a *historic*
¡Hola! *Hello!*
la hora f *time*
¿A qué hora? *At what time?*
el horario m *timetable*
el horario de trenes/autobuses
train/bus timetable
horrible *horrible*
el hostal m *hostel*
el hotel m *hotel*
el huevo m *egg*
los huevos fritos mpl *fried eggs*

I

la iglesia f *church*
inmenso/a *enormous*
incómodo/a *uncomfortable*
la informática f *ICT*
el inglés m *English (language)*
inglés/inglesa *English*
inmediatamente *immediately*
el instituto m *secondary school*
el instituto femenino
girls' (secondary) school
el instituto masculino
boys' (secondary) school
el instituto mixto
mixed secondary school
el interés m *interest*
¿Qué hay de interés (para visitar)?
What is there of interest (to visit)?
interesante *interesting*
el internet m *internet*
navegar por internet *to surf the web*
el invierno m *winter*
la invitación f *invitation*
ir *to go*
Vamos a ver la tele. *Let's watch TV.*
la Irlanda f *Ireland*
irlandés/irlandesa *Irish*
la Italia f *Italy*
italiano/italiana *Italian*
la izquierda f *left*
a la izquierda *on the left*
Está a la izquierda.
It's on the left.

J

el jamón m *ham*
el jardín m *garden*
joven *young*
el jueves m *(on) Thursday*
jugar *to play*
julio *July*
junio *June*

L

los laboratorios mpl *laboratories*
la lámpara f *lamp*
el lápiz m *pencil*
la lavadora f *washing machine*
el lavaplatos m *dishwasher*
lavar *to wash*
lavarse *to wash oneself*
Me lavo los dientes. *I brush my teeth.*
la leche f *milk*
leer *to read*
lejos de *far from*
la lengua f *language*
lentamente *slowly*

levantarse *to get up*
Me levanto. *I get up.*
el libro m *book*
lila *lilac*
limpio/a *clean*
la lista f *list*
la lista de hoteles y hostales
list of hotels and boarding houses
llamarse *to be called*
¿Cómo te llamas? *What is your name?*
Me llamo … *My name is …*
llegar *to arrive*
llover *to rain*
Llueve. *It is raining.*
luego *then, next*
de lunares *with polka dots*
el lunes m *(on) Monday*

M

la madrastra f *stepmother*
la madre f *mother*
la madrugada f *in the morning (early hours)*
la mañana f *morning*
por la mañana *in the morning*
la manga f *sleeve*
de manga larga *long-sleeved*
de manga corta *short-sleeved*
sin mangas *sleeveless*
el mapa m *map*
el mapa de la región
map of the region
marrón *brown*
el martes m *Tuesday*
marzo *March*
más *more*
La Coca-Cola es más refrescante.
Coke is more refreshing.
Me gustan más las bebidas calientes/frías.
I like hot/cold drinks better.
las matemáticas fpl *Maths*
mayo *May*
las medias fpl *tights*
mejicano/mejicana *Mexican*
el Méjico m *Mexico*
menos *less*
la merienda f *afternoon snack*
¿Qué meriendas? *What do you have for an afternoon snack?*
la mesa f *table*
el mes m *month*
mi/mis *my*
el miércoles m *Wednesday*
mil *one thousand*
mirar *to look at, to watch*
la mochila f *school bag*
moderno/a *modern*
la montaña f *mountain*
en las montañas *in the mountains*
el monumento m *monument*
el monumento histórico
historic monument
mucho *a lot*
el mueble m *piece of furniture*
muerto/a *dead*
el museo m *museum*
la música f *music*
muy *very*
muy bien *very good*

ciento cincuenta y cinco

Vocabulario Español – Inglés

N
nadie *nobody*
naranja *orange*
la naranjada f *orangeade*
la natación f *swimming*
    practicar la natación *to go swimming*
negro/a *black*
nevar *to snow*
    Nieva. *It is snowing.*
la nevera f *fridge*
no *no, not*
la noche f *night, evening*
    por la noche *in the evening*
normalmente *normally*
el norte m *north*
novecientos *nine hundred*
noventa *ninety*
noviembre *November*
el novio m, la novia f
    boyfriend/girlfriend
nueve *nine*
el número m *number*

O
o *or*
ochenta *eighty*
ocho *eight*
ochocientos *eight hundred*
octubre *October*
odiar *to hate*
    Odio el pueblo. *I hate the town.*
el oeste m *west*
la oficina f *office*
la oficina de turismo f *tourist office*
oír *to hear*
el ojo m *eye*
once *eleven*
la opinión f *opinion*
    En mi opinión… *In my opinion…*
el ordenador m *computer*
la orquesta f *orchestra*
oscuro/a *dark*
    azul oscuro *dark blue*
el otoño m *autumn*

P
el padrastro m *stepfather*
el padre m *father*
el pájaro m *bird*
el palacio m *palace*
el pan m *bread*
los pantalones mpl *trousers*
    los pantalones cortos *shorts*
para *for, in order to*
    ¿Para qué? *What for?*
    Para ayudar a mi madre. *To help my mother.*
parecer *to seem*
    Me parece que… *It seems to me that…*
el parque m *park*
    el parque de atracciones *amusement park*
pasar *to spend (time), to happen, to go through/over*
    Pase por el puente. *Go over the bridge.*
la pasta f *pasta*
el pastel m *cake*
    el pastel de chocolate *chocolate cake*
la patata f *potato*

la patata asada *baked potato*
las patatas fritas *chips/crisps*
    una bolsa de patatas fritas *a bag of crisps*
las patatas bravas fpl *potatoes in spicy sauce*
el patio m *playground*
las pecas fpl *freckles*
pedir *to ask (for)*
    Escribo para pedir información sobre…
    I am writing for information about …
peinar *to brush*
    Me peino. *I brush my hair.*
la película f *film*
pelirrojo/a *redhead*
el pelo m *hair*
    el pelo liso *straight hair*
    el pelo ondulado *wavy hair*
    el pelo rizado *curly hair*
    el pelo (muy) largo *(very) long hair*
    el pelo (bastante) corto *(quite) short hair*
pensar *to think*
    Pienso que… *I think that…*
pequeño/a *small*
Perdón. *Excuse me.*
el perrito caliente m *hot dog*
el perro m *dog*
el pescado m *fish*
el pez de colores m *goldfish*
el piano m *piano*
    tocar el piano *to play the piano*
la piscina f *swimming pool*
el piso m *flat*
    el bloque de pisos antiguo *old block of flats*
la pizarra f *(black)board*
la pizza f *pizza*
plano/a *flat*
    los zapatos planos *flat shoes*
el plano m *plan*
    el plano de la ciudad *town plan*
la planta f *floor*
    en la primera planta *on the first floor*
    en la planta baja *on the ground floor*
la playa f *beach*
la plaza f *square*
la pluma f *pen*
un poco *a little*
poder *can, to be able*
    ¿Puedo? *Can I?*
    ¿Puede? *Can you? (formal)*
    Se puede… *You can…*
    Podemos practicar la natación. *We can go swimming.*
el polideportivo m *sports centre*
el pollo m *chicken*
poner *to put (on)*
    Me pongo el uniforme. *I put on my uniform.*
por *through/by*
porque *because*
portugués/portuguesa *Portuguese*
el postre m *dessert*
precioso/a *gorgeous*
preferir *to prefer*
    Prefiero ir al cine. *I prefer going to the cinema.*
    Prefiero la carne. *I prefer meat.*
presente *present*
prestar *to lend*

la prima f *female cousin*
la primavera f *spring*
    en primavera *in spring*
el primo m *male cousin*
primero *first*
probar *to try on*
    ¿Me lo puedo probar? *Can I try it on?*
el problema m *problem*
el profesor m, la profesora f *teacher*
el pueblo m *(small) town, village*
el puente m *bridge*
la puerta f *door*
    en la puerta del cine *at the door of the cinema*
el puerto m *port*

Q
¿Qué? *What?, How?*
    ¿Qué tal? *How are you?*
quedar *to stay*
quedarse *to stay, to suit*
    Me quedo en la cama. *I stay in bed.*
    ¿Le quedan bien? *Do they fit/suit you?*
querer *to want*
    ¿Quieres ir al cine? *Do you want to go to the cinema?*
el queso m *cheese*
¿Quién? *Who?*
quince *fifteen*
quinientos *five hundred*

R
rápidamente *quickly*
el ratón m *mouse*
la raya f *line, stripe*
    de rayas *stripey*
recibir *to receive*
    ¿Cuánto dinero recibes a la semana? *How much money do you get a week?*
    Recibo 6€. *I get 6€.*
recoger *to pack away*
el recuerdo m *souvenir*
refrescante *refreshing*
la regla f *ruler*
regular *OK, not bad*
relajarse *to relax*
    Me relajo. *I relax.*
la religión f *RE*
repetir *to repeat*
    ¿Puede repetir, por favor? *Can you repeat, please?*
el restaurante m *restaurant*
retroceder *to go back*
la revista f *magazine*
rogar *to request, ask*
    Le ruego me envíe … *Please send me …*
rojo/a *red*
un rollo m *a pain*
    En mi opinión salir de compras es un rollo. *In my opinion, shopping is a pain.*
rubio/a *blond(e)*
ruidoso/a *noisy*
la ropa f *clothes*
rosa *pink*
rural *rural*
la rutina f *routine*
    la rutina diaria *daily routine*
    la rutina escolar *school routine*

Vocabulario Español – Inglés

S

saber *to know*
No sé. *I don't know.*
el **sabado m** *Saturday*
sacar *to take out*
sacar fotos *to take photos*
la **sala f** *room*
la sala de ordenadores *computer room*
la sala de profesores *staff room*
salir *to go out*
Salgo de casa. *I leave the house.*
salir con amigos *to go out with friends*
el **salón m** *lounge*
el **saludo m** *greeting*
las **sandalias fpl** *sandals*
la **sed f** *thirst*
Tengo sed. *I'm thirsty.*
seguir *to follow*
Siga todo recto. *Go straight on.*
seis *six*
a las seis *at 6 o'clock*
seiscientos *six hundred*
el **señor m** *Mr*
Muy señor mío: *Dear Sir,*
la **señora f** *Mrs*
la **señorita f** *Miss*
sentarse *to sit down*
septiembre *September*
ser *to be*
¿Cómo eres? *What are you like?*
Son 13,40€. *It's 13,40€.*
la **serpiente f** *snake*
servir *to serve*
servir a los clientes *to serve customers*
sesenta *sixty*
setecientos *seven hundred*
setenta *seventy*
sí *yes*
siete *seven*
significar *to mean*
¿Qué significa 'pizarra'? *What does 'pizarra' mean?*
¡Silencio! *Silence!*
la **silla f** *chair*
los **sillones mpl** *armchairs*
simpático/a *nice*
el **sofá m** *sofa*
el **sol m** *sun*
Hace sol. *It is sunny.*
el **sombrero de lana m** *woolly hat*
su/sus *his/her*
sucio/a *dirty*
el **sueño m** *sleep*
Tengo sueño. *I'm sleepy.*
el **supermercado m** *supermarket*
el **sur m** *south*

T

trabajar *to work*
el **tacón m** *heel*
de tacón alto *high heeled*
tal: ¿Qué tal? *How are you?*
la **talla f** *size*
¿Qué talla usa? *What size do you take?*
también *also*
las **tapas fpl** *snacks*
tarde *late*
la **tarde f** *afternoon*
Buenas tardes *Good afternoon*
por la tarde *in the afternoon*
esta tarde *this afternoon*
la **tarjeta f** *postcard*
el **té m** *tea*
el té solo *black tea*
el té con leche *tea with milk*
el **tebeo m** *comic*
la **tecnología f** *Technology*
el **teléfono m** *telephone*
la **televisión f** *TV*
ver la tele *to watch TV*
temprano *early*
tener *to have*
Tengo doce años. *I am 12 years old.*
Tengo el pelo rubio. *I have blond(e) hair.*
¿Tienes animales? *Do you have any pets?*
el **tenis m** *tennis*
jugar al tenis *to play tennis*
terminar *to finish*
la **terraza f** *terrace*
la **tía f** *aunt*
el **tiempo m** *weather, time*
Hace buen tiempo. *It is fine.*
Hace mal tiempo. *It is bad weather.*
el **tiempo libre m** *free time*
¿Qué te gusta hacer en tu tiempo libre? *What do you like to do in your free time?*
la **tienda f** *shop*
el **tío m** *uncle*
tocar *to play*
tocar la flauta *to play the flute*
todo/a *every*
todos los días *every day*
tomar *to take, have*
¿Qué quieres tomar? *What would you like (to have)?*
Tome la primera calle a la izquierda. *Take the first street on the left.*
tomar el sol *to sunbathe*
torcer *to turn*
Tuerza a la derecha. *Turn right.*
la **tormenta f** *storm*
Hay tormenta. *It is stormy.*
la **tortilla f** *omelette*
la tortilla española *Spanish omelette*
la **tortuga f** *turtle/tortoise*
las **tostadas fpl** *toast*
el **tráfico m** *traffic*
tranquilamente *calmly*
tranquilo/a *quiet*
trece *thirteen*
treinta *thirty*
tres *three*
trescientos *three hundred*
tú *you*
tu/tus *your*
turístico/a *touristy*

U

un/una *a, an*
uno *one*
unos/unas *some*
usted *you*
útil *useful*

V

las **vacaciones fpl** *holiday(s)*
los **vaqueros mpl** *jeans*
el **vaso m** *glass*
el vaso de leche *glass of milk*
vegetariano/a *vegetarian*
veinte *twenty*
veintiuno *twenty-one*
la **ventana f** *window*
ver *to see*
ver una película *to see a film*
el **verano m** *summer*
verde *green*
la **verdura f** *vegetables*
el **vestido m** *dress*
vestirse *to get dressed*
Me visto. *I get dressed.*
la **vez f** *time, occasion*
una vez/dos veces a la semana *once/twice a week*
a veces *sometimes*
viejo/a *old*
el **viernes m** *Friday*
visitar *to visit*
vivir *to live*
Vivo en España. *I live in Spain.*
volver *to come back, return*
Vuelvo a casa. *I go back home.*

Y

y *and*
yo *I*
el **yogur m** *yogurt*

Z

los **zapatos mpl** *shoes*
el **zumo m** *juice*
el zumo de naranja *orange juice*

Vocabulario Inglés - Español

¡Así se hace! Using the glossary

Some words will need to be changed when you use them in a sentence, e.g.

- nouns: are they singular or plural?

Do you need the word for 'a' (*un* m, *una* f) instead of 'the' (*el* m, *la* f)?

- adjectives: masculine or feminine; singular or plural?
- verbs: check the grammar section for the endings you need.

A

a, an **un** m, **una** f
absent **ausente**
also **también**
and **y**
anything: Anything else? **¿Algo más?**
April **abril**
athletics **el atletismo** m
August **agosto**

B

basketball **el baloncesto** m
because **porque**
between **entre**
Biology **la biología** f
birthday **el cumpleaños** m
   When is your birthday?
     ¿Cuándo es tu cumpleaños?
   My birthday is on 15th June.
     Mi cumpleaños es el quince de junio.
black **negro/a**
blue **azul**
board **la pizarra** f
book **el libro** m
boring **aburrido/a**
boy **el chico** m
breakfast **el desayuno** m
   I have breakfast. **Desayuno.**
   What do you have for breakfast?
     ¿Qué desayunas?
brother **el hermano** m
brown **marrón**

C

cat **el gato** m
cinema **el cine** m
class, lesson **la clase** f
classroom **el aula** f
cold **frío/a**
it is cold **hace frío**
computer **el ordenador** m

D

December **diciembre**
difficult **difícil**
dinner **la cena** f
to do **hacer**
What do you do? **¿Qué haces?**
dog **el perro** m
drink **la bebida** f
to drink **beber**

E

easy **fácil**
to eat **comer**
every **todo/a**
every day **todos los días**
Excuse me **Perdón**
exercise book **el cuaderno** m

F

far from **lejos de**
father **el padre** m
February **febrero**
football **el fútbol** m
   to play football **jugar al fútbol**
for, in order to **para**
friend **el amigo** m, **la amiga** f
in front of… **delante de…**

G

girl **la chica** f
good **bien**
I'm (not) good at … **(No)se me da(n) bien …**
Good afternoon **Buenas tardes**
Good morning **Buenos días**
green **verde**
grey **gris**

H

he **él**
heat **el calor** m
hot: it is hot **hace calor**
Hello! **¡Hola!**
here **aquí**
here you are **aquí tiene**
his/her **su/sus**
homework **los deberes** mpl
   to do homework **hacer los deberes**
house **la casa** f
   at my house **en mi casa**
How? **¿Cómo?, ¿Qué?**
How are you? **¿Qué tal?**
How many? **¿Cuántos?**
How old are you? **¿Cuántos años tienes?**
How much? **¿Cuánto?**
How much is it? **¿Cuánto es?**

I

I **yo**
in **en**
inside… **dentro de…**

J

January **enero**
July **julio**
June **junio**

K

know: I don't know. **No sé.**

L

large **grande**
left: on the left **a la izquierda**
less **menos**
like: I like **me gusta(n)**
a little **un poco**
to live **vivir**
to look at, to watch **mirar**
a lot **mucho**
love: I love **me encanta(n)**
lunch **el almuerzo** m

M

March **marzo**
May **mayo**
meal **la comida** f
(on) Monday **el lunes** m
more **más**
mother **la madre** f
my **mi/mis**

N

name: What is your name? **¿Cómo te llamas?**
near to **cerca de**
no, not **no**
November **noviembre**
number **el número** m

Vocabulario Inglés - Español

O
October **octubre**
or **o**

P
(fountain) pen **la pluma f**
pencil **el lápiz m**
to play **jugar**
pretty **bonito/a**
pupil **el alumno m**, **la alumna f**

Q
quite **bastante**

R
red **rojo/a**
right: on the right **a la derecha**

S
school **el colegio m**
September **septiembre**
she **ella**
short **bajo/a**
sister **la hermana f**
small **pequeño/a**
some **unos/unas**
something **algo**
sometimes **a veces**
Spanish **el español m**
  español/española
to speak **hablar**
  I speak English, French and Italian.
  Hablo inglés, francés e italiano.
step/half brother **el hermanastro m**
step/half sister **la hermanastra f**
(school) subjects **las asignaturas fpl**

T
tall **alto/a**
teacher **el profesor m**, **la profesora f**
TV **la televisión f**
  to watch TV **ver la tele**
then **entonces**
there is, there are **hay**
thing **la cosa f**
through/by **por**
Thursday **el jueves m**
time: At what time? **¿A qué hora?**
toilet **el baño m**
too (much) **demasiado**
Tuesday **el martes m**

U
under **debajo de**
understand: I don't understand.
  No comprendo.

V
very **muy**
village **la aldea f**

W
to want **querer**
  Do you want to go to the cinema?
  ¿Quieres ir al cine?
Wednesday **el miércoles m**
What? **¿Qué?, ¿Cómo?**
When? **¿Cuándo?**
Where? **¿Dónde?**
white **blanco/a**
Who? **¿Quién?**

Y
year **el año m**
  I am 12 years old. **Tengo doce años.**
yellow **amarillo/a**
yes **sí**
yesterday **ayer**
you **tú, usted**
your **tu/tus**

ciento cincuenta y nueve

Acknowledgements

The authors and publisher would like to thank the following people, without whose support they could not have created ¡Así! 1:
Pilar Ricarte;
Helen Redford and Ian Blair for their detailed advice throughout the writing;
Steven Faux for providing the music and songs, with the help of Emily and Juliana Salgado.

Front cover photograph Terra Mitica Theme Park, Benidorm, Spain by Enrique Algarra/Powerstock Zefa

Photographs courtesy of:

TM & Warner Bros. Entertainment Inc (s04) p19 Speedy Gonzales; Nordqvist Productions (www.nordpro.se) pp8, 9, 10, 12 (b, c and g), 13, 22, 42, 44, 45, 46, 47, 50, 56, 58, 59, 60, 63, 64, 66 (except Coca-Cola), 67, 68, 70, 76 (top photo and Spanish food except chicken, meat, fish), 82, 86, 90, 104, 105, 108, 110, 120 (b and d), 140; Corbis pp26 (1) Image Source, (2) Kevin Fleming, (3) Wartenberg/Picture Press, (4) Kevin Fleming, 53 Image 100, 63 Gerrit Greve, 95 (1) Morton Beebe, 99 (2) Paul Almasy, 99 (4) Maury Christian, 111 Paul Hardy, 117 Lawrence Manning, 121; Martyn Chillmaid p69; Travel Pictures p99 (1, 3 and Backdrop photo); The Travel Library pp94 (1), 95 (2); Getty Images p94 (2); Photodisk 10 (NT) p106 (2); Photodisk 16 (NT) pp6 (3, 8), 7 (2), 19 (4, 5, 6), 27 (hermano, madre), 34 (1, 2, 3), 81; Photodisk 33 (NT) pp6 (6), 18 (2, 3, 5), 19 (2), 27 (abuelo, tío); Photodisk 50 (NT), pp32 (except birds), 56 (1); Photodisk 66 (NT) p6 (5); Photodisk 67 (NT) p76 (fruit); Photodisk 75 (NT) pp27 (padre, abuela), 6 (4), 7 (7), 120 (f, g, h), 117; Photodisk 79 (NT) p77; Photodisk 45 (NT) p27 (Yo); Photodisk 24 (NT) p12 (f); Bananastock P (NT) pp6 (1, 2), 18 (1, 7), 19 (3), 20 (1, 4, 5), 21 (6), 27 (tía); Stockbyte 31 (NT) p12 (a); Tom LeGoff/Digital Vision HU (NT) pp19 (1), 21 (8), 27 (prima, primo, hermana); Brendan Byrne/Digital Vision SD (NT) pp18 (6), 20 (2, 3), 43; Digital Vision TT (NT) pp18 (4), 21 (7), 88, 106 (1); Digital Vision 17 (NT) p76 (tea, fish, vegetables); Ingram IL2 CD5 (NT) p76 (pizza); Corel 453 (NT) p120 (c); Corel 219 (NT) p66 (coke); Corel 713 (NT) p76 (chips); Corel 712 (NT) p76 (cake); Corel 465 (NT) p76 (meat, chicken); Corel 597 (NT) p120 (a); Corel 739 (NT) p120 (e); Corel 624 (NT) p32 (birds); Corel 698 (NT) p129; Corel 121 (NT) p133; Rudi Tucek/Famous p123 Enrique Iglesias.

Every effort has been made to trace all copyright holders, but where this has not been possible the publisher will be pleased to make the necessary arrangements at the first opportunity.

Recorded at Air Edel, London with Azucena Durán, Javier Fernández-Peña, Javier Alcina, Sergio Martínez-Burgos, Melisa Martínez, Jorge Peris Diaz-Noriega, Lidia Sarabía, Gonzalo Perez and Cayetana Fernandez; produced by Colette Thomson, Footstep Productions.